MARGARITA LOUIS-DREYFUS

Enquête sur la fortune la plus secrète de France

ELSA CONESA

MARGARITA LOUIS-DREYFUS

Enquête sur la fortune la plus secrète de France

BERNARD GRASSET
PARIS

Photo de couverture :© AFP Photo / Gérard Julien

ISBN 978-2-246-79740-1

Hermann tressaillit : en effet, au lieu d'un as, il tenait une dame de pique. Il n'en croyait pas ses yeux, ne comprenant pas comment il avait pu se méprendre.

Alexandre POUCHKINE,
La Dame de pique.

Introduction

Margarita Louis-Dreyfus ne dit pas son âge. Cela fait partie des multiples secrets qu'elle entend protéger du regard des curieux. C'est une femme discrète, qui attire les regards malgré elle. Grande, mince, blonde aux yeux bleus. Elle est russe, porte des fourrures et des robes léopard, et se déplace toujours avec son petit chien. Au premier regard, elle a tous les attributs de la potiche. Et bien entendu, elle est richissime.

Il y a vingt ans, elle a épousé l'homme d'affaires Robert Louis-Dreyfus, un héritier français séduisant, médiatique et talentueux. Il a seize ans de plus qu'elle. Ensemble, ils vivent un conte de fées moderne. Trois enfants, plusieurs belles maisons, beaucoup d'amis, un vaste empire qui porte le nom de cette vieille dynastie française : Louis Dreyfus. L'histoire aurait presque pu s'arrêter là, et s'achever sur un portrait romantique de la famille, devant l'un de ses multiples palais.

Seulement voilà, le prince est mort prématurément, et l'histoire a continué. La princesse a pris le pouvoir et a installé sa cour. Curieux tableau que cette veuve slave et volcanique, à la tête d'une entreprise plus que centenaire, dans le paysage très lisse des affaires à Paris. Plus étonnant encore, sa blondeur et ses tenues singulières, au milieu des supporters enfiévrés de l'OM, club maudit où son mari a englouti des fortunes et sur lequel elle règne aujourd'hui. Les images où elle apparaît ont toutes quelque chose d'insolite.

Comme toujours, le négatif de la photo dévoile une tout autre réalité. La princesse est une orpheline au parcours cabossé, mystérieusement évadée d'URSS au début des années 1980. Etrange créature venue du froid, elle semble sortir d'un épisode de James Bond. Sa vie est un mélange subtil de drame et de paillettes, de mystère et de banalité, de coups calculés et de bons sentiments. Margarita Louis-Dreyfus n'est pas ce qu'elle paraît être. Pas plus une blonde éthérée qu'une Cosette russe ou une intrigante. Ni même une épouse dévouée. Elle est chacune d'elles, sans être aucune seulement. Margarita Louis-Dreyfus est un personnage multiple. Son histoire est celle d'un conte de fées dont l'héroïne serait à la fois la pauvre orpheline, la belle princesse, la fidèle servante, la sorcière résolue, la reine mère et le vaillant chevalier.

Margarita Olegovna Bogdanova est née à Leningrad, au commencement de l'ère Brejnev. Elle a 7 ans, quand ses parents disparaissent dans un accident de train. C'est du moins ce que lui dit son grand-père, lorsqu'il la recueille. Le récit qu'elle fait de ces années semble d'abord invraisemblable, et truffé de zones d'ombres. Ni tout à fait probable, ni tout à fait impossible. A l'image de cette période de l'Histoire, complexe et incertaine. Un terreau propice aux existences les plus romanesques. La sienne sera exceptionnelle.

Sa chance est d'avoir appris l'allemand. Une fenêtre sur le monde qui lui a permis de fréquenter des étrangers, activité hautement surveillée de l'autre côté du rideau de fer. Margarita a rencontré son futur mari dans un avion, en première classe. Il avait une allure un peu négligée, un jean troué, et l'a séduite en lui montrant une photo de son chien. Héritier rebelle, il avait fui son royaume pour aller bâtir librement sa propre existence. Robert Louis-Dreyfus n'avait pas encore acheté l'OM, ni redressé Adidas, mais avait déjà eu plusieurs vies. Il aimait les routes à contresens, le poker, les belles femmes, les bons repas et les cigares.

Ils se sont mariés, elle était enceinte. Elle l'a aimé, a élevé ses enfants, l'a suivi autant qu'elle a pu dans ses multiples aventures professionnelles, et l'a beaucoup attendu. Bien sûr, il y eut de grandes fêtes, de belles réceptions, des voyages mémorables. Mais pour Margarita, le destin avait vu plus grand.

Lorsque la leucémie de Robert s'est brusquement aggravée, elle a passé deux ans à son chevet, presque nuit et jour. Elle a déployé une énergie insensée, à la mesure de la souffrance de ce dernier. Bluffant amis et médecins, elle est parvenue à le maintenir en vie deux ans, alors qu'il n'aurait dû vivre que quelques semaines. Sans qu'on comprenne très bien pourquoi tant de dévouement. A la fois cruel et naïf, ce mari n'avait pas été exemplaire.

Puis, lorsqu'elle s'est retrouvée seule, elle a affronté un à un tous les prétendants qui s'approchaient d'un peu trop près de l'empire promis à ses enfants. Les successions sont des périodes sensibles, surtout quand le trésor est gros comme Bouygues ou Michelin, et qu'il pèse une dizaine de milliards de dollars. Louis Dreyfus est une maison aussi secrète que puissante. Ce groupe très privé est de ceux qui font la pluie et le beau temps sur les marchés du blé, du coton, du maïs, du soja ou du riz, devenus stratégiques avec le développement de la Chine.

C'est avec Jacques Veyrat, le dirigeant choisi par son mari pour lui succéder à la tête du groupe familial, que le combat sera le plus violent. Margarita Louis-Dreyfus, que les Marseillais ont baptisée « la tsarine », se révèle une redoutable régente, brutale, obstinée, aussi déterminée dans l'assaut qu'elle fut discrète dans son rôle d'épouse modèle. Veyrat résiste, la dénigre ouvertement, la discrédite. Dans tout Paris, elle passe pour une usurpatrice, dangereuse veuve noire prête à tout pour prendre le pouvoir. Sa belle-famille crie au hold-up. Les services secrets se penchent sur son cas. Cette femme au passé trouble est-elle espionne ? Croqueuse de diamants ? Pour qui roule-t-elle ? Rien de tout cela n'a le moindre fondement, mais cela alimente le fantasme, et c'est suffisant.

Margarita Louis-Dreyfus n'en a cure. Elle n'a pas l'habitude de perdre les batailles qu'elle engage. Le dauphin désigné fera marche arrière, copieusement dédommagé au terme d'un conflit qui aura duré deux ans. « La guerre qui a opposé ces deux-là a ressemblé à un film de kung-fu hongkongais où tout le monde meurt à la fin », résume a posteriori un témoin de l'affaire. Rien de comparable avec les intrigues qui se jouent dans les coulisses feutrées du monde des affaires parisien.

Cette lutte exceptionnelle a été, pour elle, comme une renaissance. Une revanche sur la vie, d'autant plus savoureuse que c'est à « l'establishment », comme elle dit, qu'elle a repris le pouvoir. Ce petit cercle de puissants qu'elle juge à la solde de Veyrat, et que son mari méprisait lui aussi, elle le fuit comme la peste. Il lui rappelle parfois la nomenklatura russe et ses privilèges. « Je ne veux rien dire de personnel car je sais que l'establishment français va utiliser ce livre contre moi », prévient-elle lorsqu'on la contacte pour les besoins du livre. Par moments, Margarita Louis-Dreyfus retrouve les réflexes de ceux qui ont grandi dans un Etat surveillé, dont ils ont appris à déjouer les intrusions.

Pourtant, chez elle, cela n'explique pas tout. Ou si peu. Sa méfiance vise d'abord à tenir à distance ceux qui auraient la prétention de décider pour elle. De lui dessiner un destin, un avenir, un rôle. Margarita a toujours eu l'ambition de vivre deux fois plus. Une promesse faite il y a bien longtemps. A Leningrad.

UNE ENFANCE RUSSE

Margarita Louis-Dreyfus est née deux fois. Le 18 juin 1962 à Leningrad, date qui figure sur ses papiers d'identité. La seconde fois, la vraie à ses yeux, c'est sept ans plus tard.

« Ma vie a commencé après la mort de mes parents, j'ai oublié tout ce qui s'est passé avant. » Le drame qui l'a rendue orpheline efface chez elle tous les souvenirs de la petite enfance. A 7 ans, elle se trouve chez son grand-père Leonid, à Leningrad, quand celui-ci lui apprend que ses parents ont été tués dans un accident de train. Ils étaient en partance pour la petite cité balnéaire de Djankoï, en Crimée, sur les bords de la mer Noire, et ont été enterrés sur place.

En réalité, l'accident s'est produit quelques semaines plus tôt. Leonid a préféré ne rien lui dire. Il s'est occupé des formalités, a éludé, trouvé des prétextes, contourné l'obstacle, avant de lui donner cette version des faits, que nul ne conteste. En dehors de lui, personne ne sait précisément ce qui s'est produit. Dans la famille, on ne parle pas de ce drame. Ni au moment où il se produit, ni plus tard. Ce n'est pas tant pour préserver la petite Margarita que pour Leonid, sur qui la vie s'est déjà suffisamment acharnée. Le patriarche a perdu sa première femme et son fils pendant le terrible siège de Leningrad en 1941, puis sa deuxième épouse qu'il a vue périr dans une voiture quelques années plus tard, et voilà maintenant que l'une de ses filles disparaît, avec son gendre, dans un accident de train...

Cette tragédie marque le début de l'existence de Margarita, mais elle n'en saura jamais plus. D'ailleurs, elle ne demande rien. Elle choisit de se contenter de ce que lui dit son grand-père, et de se construire en acceptant cette part de mystère. Elle ne montre pas ses émotions, ni à ses amis, ni à sa famille. Enfant, elle est décrite comme silencieuse, calme, et solitaire. La disparition de ses parents la fait grandir un peu plus vite que les autres. Mais cet épisode, elle décide vite de le laisser derrière elle. Fille unique, elle n'a de toute façon pas de frères et sœurs avec qui le partager.

De cette période, Margarita a très peu de souvenirs. Seuls quelques membres de sa famille évoquent encore ses parents. Son père était chef mécanicien sur les bateaux du port de la ville, et sa mère travaillait dans une bibliothèque d'Etat. Issue d'une famille d'intellectuels et érudite, celle-ci avait fait des études de lettres, et était même « diplôme rouge », la distinction universitaire suprême en Russie soviétique, celle qui permettait de choisir son affectation.

Mais le grand-père Leonid, qui était ingénieur, ne jugeait pas son gendre à la hauteur. Il avait donc préféré que Margarita prenne le nom de jeune fille de sa mère, autrement dit le sien. C'est ainsi que Margarita s'appelle Bogdanova. La famille de son père est quasiment inexistante dans les récits faits de cette époque.

Le grand-père Leonid, en revanche, est la figure qui marque son enfance. C'est lui qui la recueille après l'accident. Ce personnage charismatique et romanesque est très respecté dans la famille. Sourcils fournis, pommettes hautes et front saillant, ce communiste convaincu semble tout droit sorti d'une image de propagande soviétique. Il incarne l'autorité morale du foyer, et a des idées arrêtées sur certains sujets, comme sur le fait que les femmes doivent porter des jupes. Mais derrière son apparence de solide gaillard, Leonid est malade. Asthmatique, il ne cesse de lutter contre ses multiples problèmes de santé, n'hésitant pas à se lever à 6 heures du matin pour aller faire du sport en plein air dans l'espoir d'améliorer sa résistance physique. Il mourra d'ailleurs à 78 ans, un âge très avancé pour l'époque. Il est à maints égards un modèle pour sa petite-fille.

Idéaliste, ce grand-père est doté d'un sens aigu de la justice. Sans faire de politique, il défend l'idée d'un partage des richesses, et croit à l'idéal que le régime applique plus ou moins fidèlement. Né en 1906, juste après la « révolution bourgeoise », Leonid a pourtant payé un lourd tribut à 1917. Considéré comme un privilégié, un « ennemi du peuple » parce que son père était économiste, il avait vu tous ses biens confisqués. Du fait de ses origines, il s'était aussi vu refuser l'admission à l'université de Saint-Pétersbourg lorsqu'il avait postulé pour faire des études d'ingénieur dans les années 1920. Il avait dû repasser des examens pour être admis dans un autre établissement moins prestigieux.

Malgré les misères que le régime lui a faites, Leonid n'est pas critique. En tout cas, pas devant sa petite-fille, car comme beaucoup de Russes dans l'après-guerre, il écoute tout de même la radio américaine et la BBC sur un poste clandestin. La petite Margarita croit ainsi que les dysfonctionnements que connaît son pays sont une fatalité, qui n'a rien à voir avec la politique. Quand elle demande pourquoi les voitures ne marchent pas, pourquoi la nourriture manque, Leonid lui répond qu'en Russie, « on n'a pas de chance ». « Il trouvait toujours des excuses, se souvient-elle aujourd'hui. “Pas de chance”, c'était l'explication à tout... Je pensais que les problèmes de la Russie venaient des mauvaises conditions géographiques et naturelles, et de l'héritage de la guerre. Que cela prendrait du temps de rattraper tout ce qui avait été détruit. J'ai longtemps cru cela. C'est bien plus tard, quand je suis arrivée en Suisse, pays sans aucune ressource naturelle, que j'ai compris que le plus important, ce sont les hommes. » Même adolescente, Margarita ne s'intéresse pas à la politique. Elle reconnaît n'avoir lu Soljenitsyne qu'après avoir quitté la Russie.

Sans le savoir, la petite fille grandit pourtant en pleine guerre froide. Lorsqu'elle vient au monde, Leonid Brejnev est sur le point de prendre le pouvoir, mettant brutalement fin au mouvement réformateur porté par son prédécesseur Nikita Khrouchtchev. Les intellectuels libéraux, dont font partie ses parents et une partie de sa famille, qui espéraient beaucoup de la nouvelle équipe dirigeante, sont vite déçus. La surveillance et la répression se durcissent. Les dirigeants des syndicats, du KGB, du Komsomol – l'organisation qui forme la jeunesse aux idéaux du régime – sont brutalement remplacés par des hommes d'appareil.

Pétri de certitudes et de convictions, Leonid n'en est pas moins très indulgent avec Margarita. Elle n'a aucun mal à obtenir sa clémence d'un sourire ou d'un baiser. Tendre et affectueux, il la couve, et la gâte tant qu'il le peut, même s'il est souvent absent. Leur relation est forte, presque fusionnelle. Margarita l'adore, et l'admire. Elle a donné Leonid comme deuxième prénom à l'un de ses fils, et se réfère encore à lui aujourd'hui. Mais en dépit de l'affection de son grand-père, son enfance semble avoir été un peu triste. Les rares souvenirs rapportés sont ceux d'une petite fille souvent seule. Une enfant calme et autonome, indépendante, presque adulte avant l'âge, refusant les cadeaux que lui propose son grand-père. Elle apprend à cacher ses sentiments, et à s'occuper d'elle-même sans compter sur personne. « Elle s'amusait en nourrissant les pigeons par la fenêtre de la chambre », se souvient une tante.

Comme la grande majorité des Pétersbourgeois alors, Leonid vit dans un « kommunalki », un appartement communautaire, l'un de ces vastes logements ayant appartenu à la noblesse, et réquisitionnés après la révolution de 1917 pour loger les familles ouvrières venues de la périphérie. Les occupants se partagent les murs selon des règles très strictes, destinées à protéger le peu d'intimité de chacun. Chaque famille se voit généralement attribuer une seule pièce, qui sert de chambre à coucher, de salle à manger et de salon, et qui dispose d'une sonnette sur le palier. On fait la queue pour accéder à la cuisine, à la salle de bains ou aux toilettes.

La chambre de la famille Bogdanov est grande, mais ses occupants sont nombreux : il y a là le grand-père Leonid, sa femme – la troisième –, sa deuxième fille, et même sa mère, en plus de la petite Margarita. Une telle promiscuité n'a rien d'exceptionnel à l'époque. Mais à Leningrad, les apparences sont souvent trompeuses. Les ouvriers sont mieux payés que les médecins, et les façades magnifiques des palais cachent des appartements si vétustes qu'on peine à croire qu'ils sont habités. Les conditions précaires dans lesquelles vit la famille contrastent ainsi avec l'allure bourgeoise de l'immeuble où elle est installée. La chambre est située au septième étage d'un élégant bâtiment du quartier résidentiel de

Smolny, dans la boucle de la Neva, non loin de la célèbre perspective Nevski. Cette construction moderne de granit gris foncé, datant du début du siècle, existe toujours. Elle a été restaurée et est devenue une résidence haut de gamme, avec interphone et digicode. Elle donne sur un petit parc où les enfants viennent se promener le mercredi.

D'après les souvenirs des résidents, l'appartement, qui appartenait à une famille bourgeoise ayant émigré en France après la révolution de 1917, a néanmoins un certain cachet. Il dispose de grandes pièces et de belles hauteurs sous plafond. Eau courante, chauffage, gaz, il est plutôt confortable pour l'époque. Un grand piano à queue, dont personne ne connaît exactement la provenance, trône dans le salon. L'ambiance de l'immeuble est familiale. Des cousins habitent au deuxième étage et saluent la petite « Rita » dans l'escalier. Dans la cuisine, on discute parfois politique, mais à voix basse.

Le train de vie de la famille, modeste, est légèrement supérieur à ce que la Russie de l'époque offre à la plupart de ses concitoyens. Ingénieur électricien, Leonid a la soixantaine mais travaille toujours, et a accumulé quelques économies grâce à ses recherches, qui lui permettent d'offrir un semblant de luxe à sa famille : une voiture, une télévision couleur, une datcha de location pour les vacances, un petit chien, et des cours de musique pour sa petite-fille. Leonid est fou de musique. Il a appris le piano tout seul et insiste pour que Margarita prenne des leçons. Elle le fait de mauvaise grâce, mais conserve encore aujourd'hui un lien très fort avec la musique et l'opéra. L'un des rares souvenirs de ses parents y est d'ailleurs lié. « Je revois ma mère écoutant un opéra devant la radio, raconte-t-elle. Elle pleurait. »

Même si elle est mieux lotie que la moyenne, la famille Bogdanov connaît aussi les privations, qui sont le quotidien de la plupart des Russes. Dans les années 1970, les Pétersbourgeois manquent de tout : de vêtements et de chaussures comme de nourriture. Les repas sont généralement composés d'une soupe avec des pâtes, parfois d'un peu de viande. Pour trouver des fruits ou des légumes, il faut faire la queue plusieurs heures dans les quelques épiceries d'Etat. Des bananes, c'est une seule fois dans l'année. Ironie du destin, celle qui possédera quarante ans plus tard l'un des plus grands groupes de négoce de riz, de café, de jus d'orange et de soja au monde n'a alors que des pommes de terre noires et des carottes fendues par le gel pour se nourrir. En guise de viande, ce sont des os et du gras.

Pourtant, pour les grandes occasions, comme le nouvel an, ou la fête de la femme, célébrée fastueusement en Russie, les tables sont toujours bien garnies. Les mets raffinés introuvables dans les magasins d'Etat s'échangent, ou s'achètent au marché noir, pour des fortunes. Les beaux vêtements portés ces jours-là sont fabriqués chez elles par des femmes qui savent coudre ou tricoter. Pendant ce temps, quelques privilégiés circulant dans de grosses voitures, cachés derrière des rideaux, ont accès à tout ce dont les autres sont privés.

Les hivers interminables, surtout, rendent la pénurie pénible, même si les Pétersbourgeois s'y sont habitués. Les canaux qui traversent la ville gèlent pendant plusieurs semaines, tout comme la Neva, ce qui permet aux habitants de passer d'île en île à pied. Mais les températures descendent parfois jusqu'à – 20 degrés avec un vent glacial venu de la Baltique qui couvre les vitres d'une poussière de givre. On enduit alors les joues des enfants de graisse de canard pour les protéger des morsures du gel[1]. Les manteaux en peau lainée, dont certains sentent encore l'odeur de la bête, sont reprisés pour servir le plus longtemps possible. Gants et chapka empêchent les doigts et la pointe des oreilles de gercer.

Comme la plupart des témoins de l'époque, parfois un peu nostalgiques de leur jeunesse, Margarita dit n'avoir manqué de rien. Elle minimise les carences, les déficiences du régime, et renvoie sans ciller à des fantasmes d'Occidentaux. Elle ne veut pas faire pleurer dans les chaumières, et, comme beaucoup de Russes, refuse le regard compatissant porté par les Européens de l'Ouest sur cette période. Cette image d'un pays sous-développé est, pour eux, erronée et humiliante. Les Russes urbanisés étaient le plus souvent aussi éduqués ou cultivés que n'importe quel Occidental.

---

1. Nadia Volf, *J'ai choisi la liberté*, XO éditions, 2006.

Chez elle, toutefois, il y a autre chose. Tout ce qu'elle raconte de sa jeunesse et de son enfance est comme en noir et blanc. Sans émotion. Comme si les épreuves ne l'avaient pas atteinte, ou s'étaient déroulées sous ses yeux sans réellement l'affecter. Elle met de côté les souvenirs douloureux, les efface parfois, les trie, les enjolive. Garde ce qui est présentable. A l'entendre, le reste est anecdotique. Puisqu'elle a survécu, c'est que ce n'était pas si grave. Sa vie lui paraît bien ordinaire. Il est vrai que dans toutes les familles pétersbourgeoises alors, il y a des drames similaires, des deuils, des proches disparus ou envoyés en Sibérie, des parents morts pendant la guerre. Margarita a appris très tôt que le bonheur n'était pas un dû. Elle ne cache rien des difficultés qu'elle a traversées, mais l'introspection a pour elle quelque chose d'indécent. Elle niera toujours avoir voulu prendre une revanche sur la vie, bien que tout, dans son parcours, dise le contraire.

Un an après la disparition de ses parents, un nouveau bouleversement se produit. Le métier de Leonid l'oblige à voyager beaucoup, en URSS et en Europe de l'Est, pour superviser la construction de barrages hydroélectriques. Dès sa huitième année, Margarita est donc envoyée dans un pensionnat de la ville, situé sur l'île de Petrogradskaya, le berceau de Saint-Pétersbourg. Pendant six ans, elle ne rentrera chez son grand-père que le week-end.

Pour la petite fille qui vient de perdre ses parents, c'est un nouveau coup dur. Presque un deuxième abandon. Mais elle serre les dents, et ne montre rien de ses sentiments. Au contraire, elle apparaît, aux yeux des autres enfants, comme une fillette gaie et enjouée, regorgeant d'imagination pour trouver de nouvelles distractions et faire des expériences. En Russie, l'internat est en outre le quotidien de quantité d'enfants. Il en existe de toutes sortes. Certains sont des filières d'excellence, d'autres prennent en charge les enfants orphelins, ou issus de familles nombreuses, comme celui où Margarita est placée. Dans chacun, l'Etat veille à assurer une bonne éducation aux enfants, qui sont généralement bien traités. Margarita trouve là comme une deuxième famille, et l'occasion de faire les quatre cents coups.

La vie en pension est réglée comme du papier à musique. Les filles, qui ne sont que neuf dans l'institution, dorment ensemble dans un petit dortoir qui leur est réservé. Elles se lèvent à 7 heures et vont faire de la gymnastique, avant de prendre le petit déjeuner. Elles revêtent l'uniforme des écolières russes : une robe de laine marron avec un petit col blanc détachable en celluloïd, un foulard rouge et deux tabliers, noir pour tous les jours, blanc pour les jours de fête. Comme dans les images de propagande, elles doivent porter des nattes, attachées par un nœud. Elles traversent la rue deux par deux pour se rendre dans l'école qui se trouve un peu plus loin et qui existe toujours. Les cours commencent à 9 heures, et s'interrompent pour la cantine. Après la classe, des enseignants aident les élèves pour les devoirs. Leonid vient parfois rendre visite à sa petite-fille. Impressionnés par son air respectable, les enfants l'appellent « professeur ».

Dès qu'elles en ont l'occasion, Margarita et ses amies déjouent la surveillance des adultes, pour aller faire du bateau sur la Neva ou courir sur les remparts en brique rouge de la forteresse Pierre-et-Paul, l'emblème de la ville, et le lieu même de sa fondation. Dans ce lieu chargé d'histoire, où furent détenus les prisonniers politiques les plus illustres, elles attendent avec excitation le tir du canon qui a lieu chaque jour à midi. Les escapades se poursuivent parfois dans les catacombes, qui servaient d'abris pendant la guerre, et où Margarita imagine toutes sortes d'aventures en s'éclairant à la bougie. Elle s'amuse autant avec les garçons qu'avec les filles. « Quand on jouait aux cow-boys, elle voulait toujours incarner le chef indien », se souvient une amie. Comme tous les jeunes, elle se rend aussi docilement aux réunions mensuelles des Komsomols, qui forment la jeunesse aux idéaux soviétiques. Sans trop y croire. A la fin des années 1970, la puissance de l'endoctrinement faiblit. Le monde de Margarita n'est déjà plus celui-là.

L'été, comme tous les jeunes, elle vend des glaces pour se faire un peu d'argent de poche, et pouvoir s'offrir quelques fantaisies. Une paire de bottes ou un jean par exemple, dont rêvent tous les jeunes gens de l'époque. Une folie hors de prix au marché noir. Un vrai « jean américain » vaut 120 roubles, alors que le salaire moyen mensuel atteint tout juste 80 roubles. Pourtant, toutes les filles en ont un. Et Margarita, qui se dit volontiers indifférente aux « choses matérielles », succombe elle aussi.

Parfois, elle s'évade seule pour aller bouquiner dans le parc Alexandrovsky, non loin de la Neva. Sa véritable échappatoire, ce sont les livres. Elle dévore tous ceux qui sont autorisés par le régime : Jack London, Mark Twain, Maupassant, Dumas ou Zola, mais aussi des livres d'histoire, d'astronomie, de physique et même de paléontologie. Elle se rêve médecin, puis avocate. Si elle prend volontiers la tête de la bande, Margarita est décrite par ses proches comme autonome et indépendante. Elle attire les autres, mais semble n'avoir besoin de personne. Elle est à la fois sombre et solaire.

Un premier mariage éclair

A 15 ans, elle quitte l'internat. Son grand-père décide de l'envoyer dans un lycée technique. Sans faire d'étincelles, elle est plutôt bonne élève et pourrait sans doute suivre un cursus général. Mais le vieil homme s'inquiète pour son avenir. Il a plus de 70 ans et craint qu'elle ne puisse pas poursuivre des études longues s'il disparaît. Margarita est seule, et n'a personne sur qui compter. Il préfère la savoir dans une école où elle apprendra un métier pour pouvoir travailler rapidement et gagner sa vie. En URSS, les études ne garantissent pas une vie confortable. Elle est donc inscrite dans une formation en comptabilité. Ce qui la destine à travailler dans les services administratifs d'une entreprise d'Etat, et n'a rien de très excitant. Dans la famille Bogdanov, c'est presque une anomalie. La plupart de ses oncles et cousins sont ingénieurs, enseignants, ou médecins.

C'est alors que Margarita décide de prendre un chemin de traverse. Le premier. Elle se lance dans l'apprentissage des langues étrangères. Un défi un peu insensé, voire un peu vain. Rien dans le système éducatif russe ne l'y encourage. Les langues sont très mal enseignées, et peu de Pétersbourgeois parlent autre chose que le russe. A quoi bon apprendre ? La fréquentation des étrangers est de toute façon interdite, et il est impossible de quitter le pays. Détenir des devises peut suffire à être envoyé en prison.

Margarita voit au-delà. La vie à l'ouest du rideau de fer fait rêver les jeunes gens. Les deux mondes communiquent peu, ou pas du tout. Mais il y a des livres, des films, qui alimentent l'imaginaire. Lorsqu'un cousin rentre d'une mission à l'étranger, toute la famille se rassemble pour l'écouter raconter son voyage. Et puis il y a tous ces touristes, pour l'essentiel des sympathisants communistes, qui viennent visiter la ville des tsars pendant l'été, et à qui il est défendu d'adresser la parole... En dépit de la propagande, le monde de l'autre côté des frontières de l'empire est vu comme une terre de liberté.

Parler anglais est mal vu, elle choisit donc l'allemand. Elle l'a un peu appris à l'internat, et l'un de ses cousins le parle. Son grand-père, qui se rend parfois en RDA, connaît aussi quelques mots. Ne doutant de rien, elle décide parallèlement de se mettre au finnois, « toute seule, avec des livres », dit-elle. A Leningrad, il y a beaucoup de Finlandais, et le climat est au développement des échanges avec ce pays limitrophe.

Pourquoi s'être fixée de tels objectifs ? Margarita n'a pas vraiment d'explication. Elle dit n'avoir jamais cherché délibérément à quitter la Russie en apprenant les langues – c'était, de toute façon, interdit –, mais simplement avoir été attirée par un monde qui lui semblait différent. Ce que corroborent plusieurs témoignages de proches. Son projet n'en est pas moins exceptionnel pour l'époque. Et l'énergie qu'elle y met n'a rien de commun. Margarita a compris que les langues sont une fenêtre sur l'extérieur, même si elle est encore virtuelle. Une chance d'échapper, peut-être, à la route qui est déjà tracée pour elle.

Son diplôme en poche, elle travaille quelques années dans un centre de comptabilité dépendant de la mairie de Leningrad. Elle a 17 ans. Elle a quitté l'appartement de son grand-père, et a emménagé dans une petite chambre de la rue Sadovaya, proche du centre-ville. Désormais, elle vit seule. Avec ses premiers salaires, elle va au Théâtre Mariinski – alors rebaptisé le Kirov – assister aux représentations de

Casse-noisette, ou de *La Dame de pique*. Elle n'hésite pas à faire la queue quatre ou cinq heures devant le magnifique bâtiment néo-classique pour pouvoir acheter des billets. Surtout, elle organise l'été des voyages dans les républiques de l'empire avec trois amies du lycée. La petite bande dort chez l'habitant et découvre les pays baltes, l'Arménie, la Géorgie, et le Kazakhstan.

Les quatre filles sont inséparables, et nouent des liens très forts, dont certains subsistent aujourd'hui. Une photo du petit groupe trône toujours dans le salon de sa maison de Zurich, au milieu des portraits des enfants et de Robert. Margarita est au centre du cliché un peu jauni. On ne voit qu'elle. Elle est debout, grande, fixe l'objectif. Ses cheveux blonds sont courts, mais son visage est déjà celui d'aujourd'hui : peau lisse et blanche, pommettes hautes, yeux bleus démesurés. Elle semble solide, et prête à conquérir le monde. La petite fille discrète et solitaire a laissé place à une jeune femme sûre d'elle et déterminée.

Ce groupe d'amies est alors comme sa famille. Par la suite, Margarita a aidé deux d'entre elles à émigrer en Suisse, et elle passe encore aujourd'hui ses vacances avec Natalia, celle dont elle est la plus proche et qui est sans doute restée la plus intime. Les deux femmes partagent depuis toujours le même désir d'une existence meilleure. Margarita est partie la première, Natalia l'a rejointe. Son parcours semble calqué sur celui de son amie. Un peu après Margarita, elle a, elle aussi, épousé un Suisse, et s'est installée à Bâle. C'est Margarita qui lui a appris l'allemand, puis l'a aidée à faire venir ses parents, après qu'elle a quitté la Russie.

Physiquement, pourtant, le contraste entre elles est frappant. Natalia est une petite femme brune discrète, au style un peu désuet, et à la voix douce. Elle voue à Margarita une grande admiration, et, certainement aussi, beaucoup de reconnaissance. Les deux femmes ont des enfants du même âge, et n'hésitent pas à se les confier mutuellement. Natalia connaît la maison de Margarita à Zurich comme si c'était la sienne, et part très souvent en voyage avec elle.

Au tout début des années 1980, malgré une vie sociale bien remplie, Margarita se sent un peu à l'étroit dans cette existence dont les contours et la direction sont déjà figés. Elle voudrait plus, et ne sait pas très bien comment faire. Elle envisage de poursuivre des études de droit, commence une préparation à l'université, à Moscou, où elle se rend une fois par semaine par le train de nuit. Une de ses amies vit sur place, et a des relations haut placées qui lui permettent d'accéder facilement à toutes sortes de privilèges. La vie semble trépidante dans la capitale politique, éternelle rivale de Saint-Pétersbourg, qui, à côté, a parfois des airs de ville de province. Hélas, le cursus scolaire de la jeune femme ne lui permet pas d'intégrer l'une des plus prestigieuses facultés du pays. Elle abandonne vite après quelques mois, en se disant qu'elle reprendra les études plus tard.

A cette époque, Margarita fréquente aussi une jeune femme qui travaille pour l'Intourist, l'agence d'Etat qui encadre les groupes d'étrangers se rendant en Russie, et organise leur séjour. L'Intourist est alors une véritable institution, c'est le lieu de tous les possibles. Mais les places y sont chères. Les guides sont soigneusement sélectionnés, car ce sont officiellement les seules personnes habilitées à échanger avec des étrangers. Ils doivent surveiller les visiteurs, et s'assurer qu'ils ne disparaissent pas dans la nature. Généralement, ils ont fait des études supérieures longues, et parlent parfaitement une langue étrangère, sans jamais avoir quitté la Russie. Après avoir accompagné un groupe, ils sont tenus de rédiger un compte rendu pour le KGB, où ils racontent la teneur des échanges qu'ils ont eus avec les étrangers. Leur position est ambiguë, mais enviée. Quantité de guides, des femmes bien sûr, mais aussi des hommes, finissent par épouser des étrangers de passage, et quittent le pays.

Margarita dit avoir fréquenté des étrangers par l'intermédiaire de cette amie guide, qui encadrait des groupes germanophones, et qu'elle aurait remplacée occasionnellement. A l'aube des années 1980, elle fait ainsi la connaissance de son premier mari, un Suisse allemand prénommé Oscar. Sur cet homme, le mystère demeure. Margarita ne livre ni son nom, ni son prénom, et reste volontairement évasive à son sujet. Elle dit avoir oublié la date du mariage, et vouloir protéger la vie privée de son ancien époux.

Il faut creuser auprès de tiers pour avoir un semblant d'information sur le jeune homme, qui a bel et bien existé.

Lorsqu'ils se croisent, Oscar a huit ou neuf ans de plus qu'elle, et étudie le russe pour quelques semaines à l'université dans le cadre d'un échange. Il travaille pour une entreprise de transports helvétique, et veut apprendre la langue. Décrit comme introverti, peu extravagant, il tombe vite fou amoureux d'elle. Avec ses longs cheveux blonds, sa taille mannequin, ses yeux bleus presque fluorescents et sa voix rauque, elle le fascine. Elle incarne la beauté russe telle que les Occidentaux se la représentent. Dans les mois qui suivent la rencontre, il fait plusieurs allers-retours depuis la Suisse pour venir la voir, et décide très vite de l'épouser. C'est la seule façon pour eux de continuer à se voir. Et pour elle de quitter le pays.

Même si plusieurs témoignages confirment sa version des faits, les circonstances précises de la rencontre demeurent un peu floues. Au début des années 1980, il était presque impossible pour un Russe d'avoir un contact direct avec un étranger sans être inquiété. Son cas est très inhabituel. A-t-elle vraiment croisé la route d'Oscar de façon fortuite ? Ou a-t-elle forcé un peu le hasard ? Elle le nie vigoureusement. Des épisodes comme celui-là, des retournements de situation improbables et inattendus, la vie de Margarita en compte tellement qu'ils finissent par sembler ordinaires. Maintes fois, sa route bifurque quand elle est un peu trop droite.

Est-ce seulement le fait de sa bonne étoile ? Sans être ni calculatrice, ni cynique, Margarita a toujours prétendu à une autre existence que celle d'une orpheline destinée à devenir fonctionnaire. De toutes ses forces, elle a créé les conditions pour arracher au destin la vie d'exception qu'elle estimait mériter.

Peu après avoir fait la connaissance d'Oscar, elle le présente à sa famille. A leurs yeux, le jeune Suisse est une curiosité. La plupart ne sont jamais sortis de Russie. Ce fiancé venu d'un pays capitaliste n'est ni arrogant, ni méprisant, contrairement à ce qu'on dit des étrangers. Il est même très gentil. Il s'adresse à eux en allemand, Margarita fait la traduction.

Le jour du mariage, plusieurs membres de sa famille, dont son grand-père Leonid, sont là. La cérémonie a lieu dans la maison du mariage de Petrovskaya, une belle bâtisse rose et verte, donnant sur la Neva, et baignée de lumière le matin. C'est dans cet ancien palais transformé en office d'état civil que sont célébrés les mariages avec des étrangers, à cette époque. Ce jour-là, Margarita est heureuse, excitée par la nouvelle vie qui s'offre à elle, mais la perspective de quitter la Russie la rend nostalgique. Ceux qui parviennent à partir doivent parfois renoncer à leur nationalité d'origine, et il leur est alors très difficile de revenir. Le régime sait faire pression sur les familles des expatriés qui se sentent pousser des ailes.

Surtout, les mariages mixtes ne se terminent pas toujours bien. La différence culturelle peut se révéler insurmontable. On raconte qu'à la fin des années

1970, lors de la construction du grand hôtel Pribaltiyskaya à Leningrad, confiée à une entreprise suédoise, une cinquantaine de mariages ont été célébrés entre des jeunes femmes russes et les cadres expatriés pour superviser le chantier. Au sein de ces unions, quinze tentatives de suicide ont ensuite été rapportées chez les jeunes femmes. Et trois d'entre elles ont dû être internées.

A cette période, les jeunes femmes russes sont prêtes à surmonter toutes sortes d'obstacles pour partir. Mais à l'arrivée, les déconvenues sont grandes. Malgré les apparences, celles-ci sont très indépendantes, et rêvent davantage de liberté et de découvrir le monde que de fonder un foyer. Beaucoup d'entre elles estiment n'avoir aucune obligation sociale vis-à-vis de leur famille ou de leur époux. Curieusement, ce sont aussi de vraies romantiques, rêvant de grands sentiments et capables d'incarner parfaitement l'épouse modèle, tant dans le soin donné à leur apparence que dans la dévotion dont elles peuvent faire preuve à l'égard de leurs époux. Ne dit-on pas que l'écrivain Nadejda Mandelstam avait appris par cœur la quasi-intégralité de l'œuvre de son mari, qui avait été déporté, afin de la conserver ? Margarita symbolise à merveille cette contradiction apparente de la femme slave. Chez elle, se retrouvent alternativement les deux faces de ce personnage, paradoxal et entier. Son parcours la révèle à la fois éprise de liberté et de grandeurs, et capable de devenir la plus exemplaire des femmes au foyer.

Elle a 20 ans à peine. Elle veut faire quelque chose de sa vie et choisit de partir. Elle n'est pas passionnément amoureuse, mais, au fond, rien ne la retient à Leningrad. Son grand-père adoré, son seul parent proche, est mort peu après son mariage. En Russie, elle n'a pas de relations. Son avenir est écrit d'avance, et ne l'enthousiasme guère. Elle ne supporte plus les privilèges et les passe-droits dont abusent les élites du régime. De son grand-père, Margarita a hérité le sens profond de l'égalité, et de la justice. Elle rêve d'un pays où les règles seraient claires et respectées par tous. Ses proches la taquinent en lui disant qu'elle était déjà suisse avant de quitter la Russie. Elle ne boit pas, ne fume pas, et s'énerve quand elle voit quelqu'un qui jette un papier par terre !

Une idéaliste dans un pays neutre

L'arrivée en Suisse n'a rien d'un émerveillement. La nature est belle, les paysages pittoresques, mais les premiers temps sont durs. Margarita, qui vit dans le canton de Berne, déchante vite. Elle est seule dans ce pays inconnu, où elle n'a aucune relation à part sa belle-famille. La jeune expatriée parle allemand, mais pas suffisamment pour pouvoir travailler. Elle n'a de toute façon pas encore les papiers nécessaires. Très vite, elle tourne en rond. Les différences culturelles reprennent le dessus. Elle rêve de passion, de voyages et d'expériences romantiques, quand son mari aspire à un quotidien plus tranquille et balisé. Tout cela manque de relief pour la jeune femme, plus fleur bleue qu'il n'y paraît.

Mais Margarita n'est pas une Madame Bovary. Son rêve d'une existence riche et bien remplie, elle ne compte que sur elle-même pour le réaliser. Elle ne croit plus au hasard ni à la chance depuis longtemps. Après un an et demi de vie commune, Margarita et Oscar se séparent et divorcent.

Elle quitte Berne et emménage dans un petit studio à Zurich, où elle se dit qu'il sera plus facile de trouver un emploi. Elle est embauchée chez Laytron, une entreprise d'import-export spécialisée dans le matériel électrique qui fait commerce avec l'Europe de l'Est et dont les bureaux viennent d'ouvrir à Zurich. Même si la Russie lui manque, elle se sent comme un poisson dans l'eau. La paisible ville protestante, à l'allure sage et ordonnée, lui convient bien. « Parfois, je me demande lequel de nous deux est suisse ! » lui dit un jour son patron. « Margarita aime l'ordre et la précision », résume une de ses tantes. Elle est un étrange mélange de Suisse et de Russie, de mesure et d'extravagance.

Pendant quelques années, elle reste seule, travaille et met de l'argent de côté. Les tentations et l'opulence qu'offre la société de consommation occidentale ne la grisent pas. Elle préfère thésauriser. Même plus tard, mariée à Robert Louis-Dreyfus et définitivement à l'abri du besoin, elle conserve de sa jeunesse une forme d'austérité qu'on a du mal à concevoir quand on a grandi à l'Ouest. Rien à voir avec les oligarques qui étalent leur fortune sur la Côte d'Azur. Margarita ne claque pas son argent en soirées, bijoux ou robes de créateurs.

Dans ce quotidien zurichois un rien sévère, elle se lie néanmoins d'amitié avec quelques Russes. Hasard ou coïncidence, elle a retrouvé son amie guide de l'Intourist, elle aussi mariée à un Suisse et expatriée. Mais la Russie lui manque. Elle tient une correspondance assidue avec ses amies du lycée, et se débrouille pour retourner à Leningrad dès qu'elle le peut, où elle est accueillie comme une vedette. Sans le dire, ses proches sont parfois un peu inquiets d'être vus avec elle en public car ils sont toujours surveillés. Puis, la Perestroïka aidant, certains peuvent enfin venir la voir à Zurich, et découvrent avec émerveillement la vie confortable qu'elle mène désormais.

Margarita assume pleinement son nouveau statut de privilégiée et veut faire profiter ses proches de sa situation. Il y a sans doute aussi un peu d'orgueil. Elle est fière de leur montrer le chemin parcouru. De prouver aux tantes et cousins qu'elle n'est plus la petite fille solitaire que le grand-père Leonid voulait mettre à l'abri. Aujourd'hui, c'est elle qui est dans un pays libre. Elle est indépendante, et pour elle tout est possible. Sa vie désormais fait rêver. Certains membres de sa famille veulent émigrer, Margarita les aide tant qu'elle peut. Elle apprend l'allemand à ceux qui la rejoignent. Au point qu'aujourd'hui, une grande partie de ses amis d'enfance et proches résident en Suisse.

Rapidement, l'image de l'orpheline s'efface, et fait place à celle de l'amie, de la cousine providentielle, fidèle et dévouée, capable de déplacer des montagnes pour aider les siens. Comme si sa propre vie ne lui suffisait pas, elle se sent responsable des autres. En particulier lors de cet épisode, auquel on ne croirait pas s'il n'était rapporté par plusieurs sources. En 1987, alors qu'elle est à Zurich, Margarita reçoit l'appel d'une de ses amies russes vivant en Suède. Celle-ci lui explique avoir subitement perdu la trace de son mari. Elle est désespérée, car elle a un enfant en bas âge, et supplie Margarita de l'aider à le retrouver. Elle n'a aucun indice, si ce n'est un voyage en Espagne dont son époux aurait parlé.

Bon Samaritain, Margarita accepte sans réfléchir. S'il a parlé d'Espagne, c'est par là qu'il faut commencer à chercher. Chaque soir, en sortant du bureau, elle va à la Poste de son quartier, pour chercher dans l'annuaire les numéros de personnes au nom russe, dans les principales villes d'Espagne. Elle passe des dizaines d'appels. Chaque fois, elle décrit l'apparence du fugitif dans l'espoir que quelqu'un l'ait vu. Et puis un jour, à Malaga, son interlocuteur lui dit l'avoir croisé dans un bar. Aucune chance de l'identifier à distance, il faut aller sur place. Sans hésiter, Margarita prend quelques jours de vacances et se rend en Espagne. Elle trouve le bar en question et s'y assoit chaque soir, plusieurs jours de suite.

Le quatrième soir, le mari de son amie entre enfin dans le bar. « Je suis endetté, j'ai des factures à payer », résume-t-il. Elle le sermonne, mais ne se pose pas de questions. Elle paie ses dettes, son billet de retour, et le ramène en Suède.

Plusieurs récits de ce type alimentent la légende. Ils disent tous peu ou prou la même chose : la détermination de Margarita est sans faille, et frise parfois l'obstination. Quel que soit le combat, elle le mène méthodiquement, avec la même intensité, jusqu'à ce qu'elle ait obtenu ce qu'elle estime être juste. Un jour, elle percute un camion avec la Moskvitch de son grand-père, une voiture typique de l'époque. Effondrée, elle passe la nuit dans un garage pour s'assurer que les mécaniciens, qui ont un peu trop bu, font bien les réparations qu'elle a demandées. Elle ne craint pas les obstacles. Au contraire, elle n'est pleinement elle-même que dans l'adversité. « Personne ne peut dire à Margarita : "c'est impossible", c'est quelque chose qu'elle n'entendra pas ! » s'amuse une de ses amies.

Depuis qu'elle a 7 ans, la petite fille du quartier de Smolny ne compte que sur elle-même. Elle sait de quoi elle est capable et se fait confiance pour se sortir de toutes les situations. Elle se prépare toujours au pire, ne laisse jamais rien au hasard. Quand on lui dit de ne pas s'inquiéter, elle redouble de vigilance. Les autres le savent, et la suivent volontiers. Son caractère a quelque chose de sécurisant. Margarita tend à minimiser la perte de ses parents, mais cette tragédie explique en partie ce qu'elle est : une survivante, capable de se passer de tout, et de ne dépendre ni des êtres, ni des « choses matérielles », comme elle dit maladroitement, sans se soucier de l'effet que peut produire une telle phrase dans la bouche de la milliardaire qu'elle est devenue.

Pourtant, cela lui ressemble assez. Pour elle, la richesse peut être un « poison mortel ». Elle veillera d'ailleurs à ce que ses enfants n'héritent pas trop tôt. Est-ce là le fruit d'une éducation où la consommation était une valeur dépréciée ? Ou bien le souci de ne jamais s'habituer à vivre trop confortablement de peur de tout perdre d'un instant à l'autre ?

En réalité, Margarita voit au-delà. A la satisfaction immédiate, elle préfère les rêves un peu fous. Même jeune divorcée, sans fortune, sans situation et sans famille, loin de chez elle, elle se fixe des objectifs démesurés. Plonger sur le *Titanic*. S'offrir un voyage en Concorde. Une gageure. Son entourage sourit gentiment quand elle parle de son projet de voyager à bord de l'avion supersonique. A la fin des années 1980, un Paris-New York en Concorde coûte autour de 30 000 francs. Ce qui représente pour elle plusieurs mois de salaire. Margarita dit avoir économisé pendant toute une année. Bien vu. Dans cet avion, sa nouvelle vie l'attendait.

« UN AIMANT À FEMMES »

« Vous y croyez, vous, à cette histoire de rencontre dans un avion ? » Dans la famille Louis-Dreyfus, certains n'y croient pas. Trop facile, peu vraisemblable, trop guimauve hollywoodienne. Pourtant, cette histoire improbable, Robert Louis-Dreyfus l'a lui-même racontée à ses plus proches amis. Aux vrais intimes seulement. Robert n'aime rien tant que cloisonner les différents pans de son existence.

Lorsque sa route croise celle de Margarita, il a 42 ans, soit seize ans de plus qu'elle, et déjà plusieurs vies derrière lui. Héritier rebelle, cancre, diplômé de Harvard, soldat en Israël, redoutable joueur de poker, redresseur d'entreprises. Ce gaillard frisé a été marié, divorcé, vit en Suisse et travaille à Londres. Encore peu connu du grand public et du monde des affaires en France – il n'a pas encore acheté l'OM –, ce grand timide a pourtant quelques beaux succès professionnels à son actif. On lui en prête d'autres avec les femmes, notamment une liaison avec l'actrice Kim Basinger, qui a fait les choux gras des gazettes. Son charme inouï et inclassable s'exerce sur les deux sexes. Selon son ami et associé de la première heure, l'américain Tom Russell, « Robert était un aimant à femmes ».

Un Londres-Zurich plein de promesses

Un lundi matin de mars 1989, Robert Louis-Dreyfus est à bord de l'avion qui l'emmène de Zurich à Londres. Un trajet qu'il fait deux fois par semaine, puisqu'il partage sa vie entre les deux pays. C'est le premier vol de la journée, il est 6 heures du matin. La première classe est quasiment vide. Deux autres passagers – un couple de politiques suisses – sont assis non loin. Il somnole, quand le commandant de bord annonce l'atterrissage prochain de l'appareil. Une jeune femme au teint de porcelaine est assise à sa droite. Elle a presque 27 ans, elle est grande, et blonde. Elle attend qu'il se réveille. « Excusez-moi, quelle heure est-il à Londres ? » demande-t-elle de sa voix grave, dans un anglais incertain. Elle doit prendre une correspondance pour aller aux Etats-Unis où elle veut passer ses vacances chez une amie, et a peur de rater son vol. Elle ne lui dit pas qu'elle est arrivée à l'aéroport de Zurich avec trois heures d'avance, quasiment au milieu de la nuit. Ce vol en Concorde, c'est une expérience qu'elle prépare depuis des mois, et pour laquelle elle a patiemment économisé chaque franc de son salaire. C'est d'ailleurs ce qui lui a permis d'être automatiquement placée en première classe entre Zurich et Londres : les passagers du Concorde se voient attribuer les meilleures places lorsqu'ils sont en correspondance.

Séduit, Robert lui demande d'où vient son accent. Ils échangent quelques banalités. Robert lui montre une photo de l'un de ses chiens, un bobtail, resté dans sa maison de Zurich.

« Mais comment faites-vous pour vous en occuper si vous vivez à Londres ? demande-t-elle.

— Je reviens tous les vendredis. Et le reste du temps, j'ai un voisin qui vient les nourrir », répond-il.

Il omet de préciser que ce voisin est en réalité un de ses salariés. Avec son jean déchiré au genou et sa barbe de trois jours, il n'a pas franchement l'air d'avoir du personnel de maison. Elle se demande à qui elle a affaire. « J'étais habituée aux hommes plus classiques », se souvient-elle. Grand, frisé, un rien débraillé, Robert n'a pas à proprement parler un physique de star de cinéma. Pourtant, tous ceux qui ont croisé sa route l'affirment : en sa présence, le charme opère.

Lui dira au contraire avoir repéré Margarita dès la salle d'embarquement de l'aéroport. Elle lui donne son numéro de téléphone. Il la rappellera « le premier soir », dès son retour en Suisse, l'invitera à dîner, et l'épousera trois ans plus tard.

Le scénario est digne d'un roman d'espionnage en pleine guerre froide. Une jeune Russe blonde et séduisante, fraîchement évadée d'Union soviétique qui se retrouve seule en classe affaires à côté d'un milliardaire tout juste divorcé... Margarita sait bien les fantasmes que son conte de fées inspire. Les apparences ne jouent pas en sa faveur. En France, mais aussi en Russie, où les médias ont commencé à s'intéresser à celle qui est aujourd'hui l'une des femmes les plus riches de son pays d'origine, certains doutent que le hasard ait pu si bien faire les choses. « Ce n'est pas le hasard, mais bien le KGB qui a placé la jeune femme dans cet avion », écrit un internaute russe... Une thèse rocambolesque à laquelle certains, dans sa belle-famille, croiront aussi pendant un temps, sans plus d'arguments. Dans la vie de Margarita, la réalité dépasse souvent la fiction. C'est ainsi.

La jeune femme dit avoir ignoré qu'elle était assise à côté d'un tas d'or. De fait, l'apparence de ce géant d'un mètre quatre-vingt-dix ne laisse rien présager. Robert adore brouiller les pistes, s'habiller comme un mauvais garçon et réussir brillamment dans les affaires, porter une montre bon marché et voyager en Concorde, ne pas finir ses phrases et séduire les plus belles femmes. Mais sous ses allures de dilettante, cet étrange personnage descend de l'une des plus anciennes dynasties du monde des affaires en France. Il est l'arrière-petit-fils de Léopold Dreyfus, le fondateur de ce qui est devenu le groupe Louis Dreyfus, empire vieux de cent cinquante ans, d'origine alsacienne. Cette multinationale, qui fait rarement les titres des journaux et cultive volontiers le secret, a investi dans les bateaux, l'immobilier, la banque, l'énergie, et surtout le négoce de grains, son métier historique qui lui vaut son surnom de « Chanel du grain[1] ».

L'empire de Léopold

Sur le papier, le pedigree de Robert a tout pour faire rêver. Mais, comme souvent dans les groupes familiaux, la tâche est rude pour les descendants, surtout à la quatrième génération. Chez les Louis-Dreyfus, seuls les mâles peuvent hériter, et ce privilège se paie au prix fort. Robert n'est en outre pas issu de la branche qui a le pouvoir dans le groupe. C'est son cousin Gérard, de quatorze ans son aîné, qui est aux manettes. Ce lointain parent est exilé depuis plusieurs années aux Etats-Unis, où on l'appelle William. Il ne vient à Paris que quelques jours par mois pour faire avaliser ses décisions. Les relations entre les deux branches de la famille sont pour ainsi dire inexistantes, même si, en théorie, elles se partagent à égalité le capital du groupe. Jean, le père de Robert Louis-Dreyfus, rêve de rééquilibrer le poids des deux lignées au bénéfice de ses enfants. En revanche, il n'est pas prêt à faciliter la tâche de son fils en lui épargnant les épreuves.

1. Jean-Claude Bourbon, Jacques-Olivier Martin, *Robert Louis-Dreyfus, l'incroyable odyssée d'un rebelle des affaires,* Michel Lafon, 2009.

Pour les petits nouveaux, le bizutage est donc de rigueur. A plusieurs reprises, Robert tente de s'imposer au sein du groupe familial sans y parvenir. C'est un garçon complexe, mal à l'aise avec son héritage mais désireux d'en être digne. Mauvais élève, volontiers provocateur, il s'applique à éviter le parcours que ses parents ont tracé pour lui et veut faire ses preuves tout seul, ailleurs qu'à l'école. Au grand désespoir de son père et de sa mère, qui ont placé tous leurs espoirs dans leur seul garçon.

Pour ne rien arranger, sa famille ne lui fait pas confiance. Robert devra attendre d'avoir près de 60 ans et d'avoir fait fortune pour être enfin appelé aux commandes de la maison Dreyfus. Malgré un parcours scolaire fort pauvre, il s'attache à montrer de quoi il est capable. Il parvient à entrer à Harvard alors qu'il n'a pas le bac, en bluffant le jury avec son expérience de vie en communauté dans un kibboutz israélien, et en finançant sa formation avec ses gains au poker, sans accepter un centime de ses parents. Son diplôme en poche, il tente un premier retour dans l'entreprise familiale, mais se retrouve relégué à des tâches d'exécutant, envoyé dans les contrées les plus reculées, notamment au Brésil, pour relancer une huilerie que le groupe vient d'acquérir. Il s'acquitte de sa mission avec succès, et veut s'intéresser à d'autres développements, comme le jus d'orange, le soja, ou le sucre. L'avenir lui donnera raison, mais en attendant, ses recommandations ne sont pas prises au sérieux[1].

Robert doit en baver, montrer qu'il est à la hauteur de son patronyme, alors qu'il le traîne comme un boulet dans l'entreprise familiale. Lui n'a pas la patience. Après avoir passé six ans chez « LD », il claque la porte et accepte la proposition de l'un de ses camarades de Harvard, qui lui offre la direction de sa petite société d'études pharmaceutiques cotée à Londres, baptisée IMS. Une expérience décisive, qui offre au jeune homme ce dont il rêve le plus : l'occasion de faire ses preuves. Le parcours de l'entreprise montrera qu'il a vu juste. Quand il monte dans l'avion où il rencontre Margarita, Robert vient de revendre IMS pour 1,7 milliard de dollars, soit vingt fois le prix de la société à son arrivée.

C'est aussi chez IMS qu'il constitue sa garde rapprochée, composée de ceux qui deviendront ses plus fidèles associés en affaires : l'Américain Tom Russell, le Français Christian Tourres, et l'Allemand Martin Steinmeyer, trois cadres dirigeants habitués à travailler en équipe, tous trois prétendants à la direction de l'entreprise, mais qui adoptent sans réserve le nouveau venu malgré son jeune âge. La petite bande se soude dans l'aventure, et ne se séparera plus. On retrouvera les quatre compères dans presque tous les tours de table des entreprises reprises par Robert Louis-Dreyfus, d'Adidas à Saatchi en passant par

1. Jean-Claude Bourbon, Jacques-Olivier Martin, *op. cit.*

l'OM. Amis et associés, Tom, Christian et Martin deviendront aussi des intimes du couple. C'est à eux que reviendra la gestion d'une partie de son patrimoine après la mort de Robert Louis-Dreyfus.

Un mariage sans invités

Lorsqu'il rencontre Margarita, Robert est intrigué par cette étrange Russe aux grands yeux bleus, qui porte des vêtements un peu démodés, mais semble savoir où elle va, et ne craindre personne. Elle ne ressemble en rien à sa première épouse, une jeune Suisse élégante et mondaine. En 1989, comme Margarita, Robert est en effet jeune divorcé. Il s'est séparé quelque temps auparavant de sa première femme, Sarah, avec qui le mariage a été de courte durée. Mais celle-ci a choisi de continuer à porter le nom Louis-Dreyfus après le divorce. Et, pour achever de semer le trouble, elle le transmettra aussi au fils qu'elle aura un an plus tard, en 1990.

Peu portée sur les belles robes et les bijoux, encore moins amatrice de soirées du gotha, Margarita en est l'exact opposé. Elle vient d'un monde qui suscite toutes sortes de mythologies, et cela plaît à Robert. Derrière ce teint pâle, elle a aussi quelque chose de solide et d'inaltérable. Une autorité, une détermination qui le rassurent, se dégagent de son allure. Avec ses grandes mains, sa carrure sportive et sa voix grave, elle en impose. Margarita n'est pas une jeune femme frêle cherchant un protecteur. Elle est habituée à se débrouiller toute seule. Elle se fait d'ailleurs désirer, et ne montre rien de ses émotions, qu'elle sait parfaitement dissimuler. Et en Russie, parler ouvertement d'amour est malvenu.

Pour sa part, c'est la timidité apparente de Robert qui la séduit. Cet homme n'est pas arrogant, le défaut qu'elle abhorre le plus. Surtout, il a un certain goût pour les routes à contresens, et méprise les convenances. Toute sa vie, il se fichera des codes de l'establishment, français en particulier, ce qui lui vaudra d'être regardé de haut par une partie de ce microcosme. Il ne le sait pas encore, mais Margarita est comme lui.

Ces deux-là partagent aussi des souffrances plus anciennes. Ce sont des déracinés. Margarita dit avoir tout oublié de sa petite enfance et de ses parents. Robert, lui, a vécu une enfance solitaire, élevé par une nurse anglaise, comme cela se fait dans les vieilles familles bourgeoises, où manifester ses sentiments est une faute de goût. Un modèle éducatif qu'il aura à cœur de ne pas reproduire avec ses enfants, mais qui laisse des traces. Robert, comme Margarita, est peu démonstratif.

Après avoir fait sa connaissance, Margarita veut présenter Robert à sa famille. Elle l'emmène à Leningrad, qui n'a pas encore été rebaptisée Saint-Pétersbourg. Avec son allure de colosse, ses cheveux frisés et sa simplicité, Robert fait un tabac chez les proches de Margarita. D'autant qu'elle a ménagé ses effets. Elle a attendu d'être arrivée sur place pour appeler sa famille, sans dire qu'elle était accompagnée de son nouveau fiancé. Puis elle a débarqué avec lui. Ses tantes et cousins sont très impressionnés, mais aussi un peu gênés quand ils apprennent qui il est. Un riche héritier français, cela tranche avec leur univers, même si l'intéressé ne se comporte en rien comme un nanti. Certains ont découpé des articles sur lui dans les journaux. L'histoire de la rencontre dans l'avion les stupéfie. « Il faudrait acheter des billets d'avion pour les copines de Margarita, pour qu'elles rencontrent d'autres hommes comme moi ! » dit Robert, non sans humour, à une cousine de sa compagne.

Très vite, ils parlent mariage, et emménagent ensemble. Margarita arrête de travailler pour rejoindre Robert à Londres. Début 1990, il s'est jeté tête baissée dans une nouvelle aventure professionnelle. Il a accepté de reprendre les rênes de la légendaire agence publicitaire britannique Saatchi & Saatchi qui a besoin d'un gros travail de restructuration. De son côté, Margarita s'occupe des formalités en vue du mariage. Les procédures administratives prennent du temps. En France, les origines russes de Margarita suscitent la suspicion. La guerre froide n'est pas encore totalement terminée. « Robert n'avait pas voulu utiliser ses relations pour accélérer les choses, soupire-t-elle. Un soir, nous avons croisé un politicien français dans un dîner, et Robert lui a raconté nos difficultés. Le lendemain c'était réglé. »

Au printemps 1992, Robert appelle son vieil ami Reto Stiffler, grand sportif et compagnon de chasse reconnaissable entre tous par sa voix sonore et son accent suisse. Les deux complices se sont connus à Davos quand Robert n'avait pas 20 ans, et ont bien profité de leur jeunesse.

« Je suis avec Margarita au lac des Quatre-Cantons, on fait un petit truc en bateau, tu viens ?

— D'accord, avec plaisir. »

Sur le chemin, Reto croise un ami de Robert.

« Tu as été prévenu ? Tu sais pourquoi on est là ? demande Reto, qui s'attend à une balade sur le lac.

— Non. Je n'en ai pas la moindre idée. »

Le lac des Quatre-Cantons est à quelques kilomètres de Zurich à peine. Quelque chose se trame, c'est certain. En s'approchant du lac, ils aperçoivent Robert et Margarita près du ponton. Robert porte une cravate. C'est si rare, que c'est forcément pour une grande occasion !

Le 15 mai 1992, Robert et Margarita s'unissent en présence de quelques amis, une trentaine tout au plus. Margarita est enceinte de huit mois et a préféré ne pas porter de blanc. A presque 30 ans, elle ne rêve plus vraiment d'un mariage de princesse, même si elle est heureuse. « C'était une cérémonie très simple, ils avaient tous les deux déjà été mariés une fois et ne voulaient pas en faire trop », se souvient Tom Russell, témoin de Robert. Cette cérémonie un peu inopinée et sans faste ne surprend pas tellement les amis de celui qu'on n'appelle pas encore

« RLD ». Jamais il n'aurait organisé un mariage mondain. Margarita, elle, est plus prosaïque. « On ne savait pas quand on aurait les papiers, dit-elle, on a dû improviser au dernier moment. » La fête, la vraie, sera organisée un an plus tard, à Venise.

Au début de l'été, Eric, leur premier garçon voit le jour à Zurich. Toujours à Londres, Robert s'échappe dès qu'il le peut pour rentrer chez lui. A la naissance de son fils, le jeune père rêve de préretraite. L'aventure Saatchi n'a duré que trois ans, mais l'a éreinté. Il y a laissé une partie de sa santé. Mais il ne se doute pas qu'on va venir le chercher pour un défi encore plus grand : redresser Adidas.

Margarita, en revanche, a compris une chose : derrière son apparence d'éternel étudiant, son mari est un surdoué des affaires. Il passe d'une entreprise à l'autre avec une étonnante facilité, de la pharmacie à la publicité, avec les mêmes succès. Le produit, la marque importent peu. Robert Louis-Dreyfus est un « Don Juan des affaires », libre et talentueux. C'est ainsi que l'ont surnommé ses biographes Jacques-Olivier Martin et Jean-Claude Bourbon. Chaque fois qu'il décide de s'arrêter, et de profiter de la fortune amassée, il est rappelé au front, et repart de plus belle.

Il est donc clair que Margarita va devoir organiser toute sa vie et celle de ses enfants autour de lui, de ses contraintes et de ses voyages. Etre prête à sauter dans un avion pour le rejoindre quelque part à tout moment, supporter ses absences, ses virées entre amis, ses aventures, ses colères. Etre là, par lui et pour lui. Un non-sens pour cette femme indépendante qui a toujours voulu prendre les décisions seule. C'est l'une des énigmes du personnage. Pendant quinze ans, Margarita, la battante, l'orpheline arrachée à sa condition, la travailleuse déterminée, devient la femme au foyer et la mère modèle. Et à entendre les témoins de ces années fastes, elle prend son rôle très au sérieux. Comme toujours.

UN MARI, TROIS ENFANTS, UNE VIE DANS L'OMBRE

Saint-Pétersbourg, Grand Hôtel Europe, 1998. Pour rien au monde, Margarita n'aurait raté l'occasion. Elle est sur le point d'accoucher de ses jumeaux, mais malgré la fatigue, elle a tenu à être présente à la grande fête organisée en Russie pour fêter les 50 ans de son mari. Elle a choisi l'un des plus beaux et plus anciens hôtels de la ville, sur la perspective Nevski. Pour Robert et elle, qui se voient si peu, c'est l'occasion de rattraper le temps perdu, de célébrer dignement leur union alors qu'ils se sont mariés dans l'intimité quelques années plus tôt. Et peut-être aussi de conjurer le sort. L'hiver passé, les médecins leur ont annoncé deux nouvelles le même jour : la grossesse de Margarita, et la leucémie de Robert.

Margarita et Robert n'ont pas fait les choses à moitié. Ils ont affrété un avion entier pour transporter leurs quelque cent trente invités, et prévu un programme sur plusieurs jours. Le périple a été organisé au millimètre près par Margarita. Visite de l'Hermitage, palais Koutouzov, soirée en bateau, théâtre, concerts privés, et dîners aux meilleures tables de la ville. La plupart de leurs amis et proches sont venus. Pour beaucoup, c'est un premier voyage en Russie. D'horizons et de profils très divers, ils donnent en miroir une image assez éclairante du couple, lui-même un singulier attelage. Le mélange est éclectique et curieux, on croise des sportifs, des hommes d'affaires, des amis russes, des membres des deux familles, des musiciens... Les agrégats d'amis que Robert s'appliquait à isoler les uns des autres se retrouvent naturellement ce jour-là.

Certains Louis-Dreyfus ont aussi fait le voyage, comme Alain, l'un des cousins de Robert, devenu un intime du couple. Ce passionné de chevaux de course, figure de la nouvelle vague de Saint-Germain-des-Prés dans les années 1960, a sa propre légende. On l'a dit amant de Brigitte Bardot et de Juliette Gréco. Il s'est éloigné de la famille, avec laquelle il a peu d'atomes crochus, mais s'entend bien avec Robert, qui l'emmène voir des matchs de foot. Monique et Colette, les deux sœurs aînées de Robert, sont elles aussi venues en famille.

Margarita a déployé ses talents d'organisatrice et s'est occupée de tout. Saint-Pétersbourg, c'est chez elle. Mais elle a choisi ce lieu autant pour elle que pour faire plaisir à Robert. Au fil du temps, il s'est épris de cette ville magnifique, où sa femme l'emmène chaque année, accompagnée de quelques amis. Il connaît un peu les lieux, mais ne parle pas un mot de russe. Quand il est sans sa femme, il glisse par prudence la carte de visite de son hôtel dans sa chaussette, au cas où il se perdrait... ce qui lui arrive régulièrement. Il aime par-dessus tout les « nuits blanches », cette période de l'année un peu déroutante, aux abords de l'été, où le soleil ne se couche presque pas sur la ville, et où l'ambiance festive est quasi permanente.

La soirée d'anniversaire et le voyage sont à la fois simples et somptueux, se rappellent plusieurs témoins. A la mesure de la générosité de Robert, de son goût prononcé pour la fête, les amis, et les belles choses. Même s'il se contrefiche du protocole, et affiche volontiers une allure négligée quand il faudrait être sur son trente et un, c'est un homme raffiné. Margarita le sait. Chaque soir, un artiste différent est convié. Un soir c'est un chanteur lyrique, le lendemain un orchestre, le troisième, un groupe de musiciens gitans – les seuls qui arrivent parfois à faire danser Robert. Margarita organise des visites sur mesure, à la demande des amis intimes, et dévoile la face cachée de la ville. Reto Stiffler, l'ami intime de Robert, lui dit qu'il voudrait « manger du caviar sur des blinis dans un appartement typique de la ville ». Elle tient parole, et l'emmène chez une de ses amies, qui vit dans un petit appartement du centre-ville, modeste et un peu vétuste. Au début des années 1990, les appartements communautaires ont été redécoupés, et attribués aux occupants pour des sommes symboliques. Mais les immeubles ne sont pas entretenus, les escaliers sont effrités, la peinture se décompose. Derrière les façades pastel des bâtiments, si parfaites qu'on dirait des pièces montées, nombre de familles vivent encore très pauvrement. Reto Stiffler garde toutefois un souvenir ému de cette tranche de vie pétersbourgeoise. « Les blinis étaient merrrrveilleux », se souvient-il en roulant les « r ».

Au milieu de la soirée d'anniversaire, Margarita sent que les forces commencent à lui manquer. Elle doit quitter la fête. Fidèle à elle-même, elle continue néanmoins à tout superviser depuis sa chambre d'hôtel. Elle est persuadée que rien ne va se passer comme prévu. Mais au final, la soirée se déroule à merveille. « Comme une montre suisse ! » rit-elle, satisfaite. Jusqu'au bout, elle veille sur ses invités comme sur sa couvée, et au retour, quand un douanier tente de soutirer quelques dollars à une amie américaine, elle surgit par-derrière et se met à l'insulter de toutes ses forces en russe.

Margarita donnera naissance peu après à Maurice et Kyril. L'arrivée de jumeaux est toujours un événement. Elle s'y est préparée comme pour un siège de plusieurs mois. Elle a mené son enquête, interrogé des amis, fait des recherches, s'est documentée. Pas question d'être prise au dépourvu. Elle a réaménagé de fond en comble sa maison de Zurich. « On m'avait dit que les jumeaux allaient passer leur temps à se battre, alors j'ai organisé pour que tout soit rond, comme sur un bateau », explique-t-elle. De fait, aujourd'hui encore, dans cette grande bâtisse de marbre et de granit posée d'un bloc au bord du lac, tous les meubles sont ronds : tables, chaises, portes, consoles, placards...

Une belle-famille française

Peu après la naissance des jumeaux, Margarita va, comme il se doit, présenter les petits à ses beaux-parents, qui vivent à Saint-Germain-en-Laye dans une magnifique demeure, dominant Paris. Elle sait que Robert a une grande admiration pour sa mère Jeanne, une femme de tête, et une force de la nature, toujours vivante, à presque 100 ans. Il lui a présenté ses amis, ses associés, certains collaborateurs, lui demande son avis. Il lui parle de ses affaires et de ses investissements. Elle est d'ailleurs la première à lui déconseiller d'investir dans l'OM[1], qu'il a racheté en 1996. Son père, Jean, est au contraire un homme discret, peu communicatif. Il n'a presque pas de relations avec son fils. « C'était un misanthrope », dira même Robert[2].

Le mariage et les enfants l'ont toutefois un peu rapproché de sa famille. Jeanne est soulagée qu'il soit enfin père, à 40 ans passés. Margarita y met aussi beaucoup de cœur. Elle fait l'effort d'apprendre le français dans l'espoir de réduire l'écart culturel qui risque de la mettre de côté dans cette vieille famille

1. Jean-Claude Bourbon, Jacques-Olivier Martin, *op. cit.*
2. *Idem.*

française. Régulièrement, Robert et elle vont déjeuner le week-end dans la maison de ses parents. Margarita n'hésite pas à passer la nuit sur place afin de resserrer les liens.

Pour elle, l'affaire n'est pas simple. Entre les héritiers de Léopold et l'émigrée soviétique, le fossé est immense. La fortune de cette éminente dynastie industrielle est colossale, même si elle se montre peu. Chez les Louis-Dreyfus, les maisons sont cossues, simples et raffinées. Les enfants vont, depuis toujours, dans les meilleurs établissements, où ils fréquentent d'autres héritiers. Les femmes de la famille sont, quant à elles, la parfaite incarnation du chic à la française, élégantes et oisives. Margarita se demande parfois si elle est à sa place. « Je n'aurais jamais pu imaginer dans quelle famille j'allais entrer ! » confie-t-elle à une tante restée en Russie.

Malgré ses années suisses, Margarita reste, pour sa part, russe « jusque dans ses bottes », comme le dit l'expression anglo-saxonne. Sa langue, son éducation, ses amis, ses relations sont russes. Si elle parle quatre langues, elle est presque toujours trahie par ses origines. Son apparence tranche dans la famille, où le dénominateur commun pour les femmes reste le tailleur Chanel. Margarita vient d'un milieu éduqué, mais aussi d'un pays rationné depuis un demi-siècle. Dans les années 1990, les émigrés russes qui arrivent à l'Ouest portent sur eux les marques de l'héritage soviétique. Aux yeux des Occidentaux, leur allure paraît un peu grotesque, comme sortie d'un autre âge. Leurs vêtements sont lourds et frustes, et révèlent l'histoire de ceux qui les portent. Ce n'est pas encore l'époque des oligarques et des nouveaux riches qui incarnent en partie la Russie dans l'imaginaire collectif d'aujourd'hui. Margarita s'est certes occidentalisée, mais elle n'a pas de goût particulier pour les couturiers parisiens. Elle assume son goût pour la fourrure blanche, les tenues pailletées et le rose. Une curiosité pour les Louis-Dreyfus, qui vénèrent la discrétion par-dessus tout.

« Nous sommes une famille très internationale, le fait que Margarita ait été une étrangère n'a jamais été un problème », tempère, un peu agacé, un cousin de Robert. De fait, la famille a déjà accueilli des Russes plusieurs fois : l'une des tantes de Robert avait épousé le vulcanologue Haroun Tazieff, d'origine russe. Et Alain, son cousin, a été marié à une Russe. Surtout, la très bonne éducation des Louis-Dreyfus, qui leur vaut d'être toujours très tolérants envers les autres, prend le dessus et joue en sa faveur. Les côtés un peu exotiques de Margarita choquent peut-être, mais on n'en parle pas. Celle-ci dira d'ailleurs avoir toujours été chaleureusement accueillie dans la famille. Mais y a-t-elle jamais été intégrée ?

Avec les sœurs de Robert, les relations sont cordiales, d'autant que Margarita est très effacée et parle peu. Monique, l'aînée, qui a vingt ans de plus qu'elle, incarne l'autorité morale de la famille. Très élégante, elle affiche une allure impeccable en toute circonstance. Ferme, forte et policée, c'est elle qui donnera, quelques années plus tard, sa moelle épinière pour tenter de soigner la leucémie de son frère. Et qui fera tout son possible pour qu'il revienne dans le groupe familial. Depuis toujours, elle suit de près les affaires de la maison Louis Dreyfus, et manifeste une certaine ambition. Colette, la cadette, qui s'appelle en réalité Marie-Jeanne, est moins classique et plus spontanée. Y compris dans son apparence : talons hauts, pantalon, blouson, elle incarne une version plus moderne de la bourgeoisie. « Robert aimait beaucoup ses sœurs, même si les alliances changeaient parfois au gré du vent, se souvient un de ses proches. Il méprisait le reste de la famille, mais était très attaché à elles. »

Malgré cet attachement, Robert a globalement peu de goût pour les retrouvailles familiales. Ses relations avec les Louis-Dreyfus sont compliquées, et le clan n'est pas uni. Ses membres n'ont en commun qu'un parent à la quatrième génération, et l'entreprise familiale les divise autant qu'elle les rapproche. « La famille n'a jamais été une famille, tout le monde veut prendre le pouvoir », soupire un cousin. Robert rechigne à se rendre aux mariages et aux anniversaires, où il doit faire la conversation. Il prétexte parfois des déplacements. Londres, Zurich, et de plus en plus en Bavière, où siège le groupe Adidas dont il a pris le contrôle et les commandes au début des années 1990. Il se rend aussi régulièrement à Marseille, où ce passionné de sport, capable de traverser l'Europe juste pour voir un match, vient de racheter l'OM.

Un mari absent, trois enfants

Au quotidien, Robert est souvent absent. Il emmène parfois sa femme et ses enfants avec lui dans ses voyages en avion privé. Ou fait en sorte de revenir à Zurich quand il le peut. Une secrétaire spécialement dédiée à l'organisation des voyages a même été embauchée. Quand il part seul, il prend l'avion le lundi matin, et rentre à la maison en fin de semaine. D'après Margarita, il ne s'est jamais absenté plus de trois semaines consécutives. Il se rattrape en emmenant, une semaine par an, son fils aîné au Club Med, entre hommes. « Toute notre vie était organisée autour de Robert, raconte Margarita. J'avais toujours une nounou disponible au cas où il faille partir dans l'heure. J'étais fatiguée de le suivre partout. Mais pour tout ce qui était non professionnel, les vacances, les amis, la famille, c'était moi qui gérais. »

Margarita passe malgré tout beaucoup de temps à l'attendre, seule avec ses enfants. Elle devient pendant ces années-là une Pénélope docile et patiente. Curieusement, la jeune femme indépendante, en quête de grandes aventures, se satisfait de sa nouvelle situation. Elle a beau n'exister que dans l'ombre de l'homme qu'elle aime, elle est heureuse. Alors que Robert traverse l'Europe plusieurs fois par semaine, elle est son port d'attache, son repère. Invisible, sa position n'en est pas moins stratégique, et lui confère une certaine liberté. Son pouvoir, elle l'exerce au sein de sa famille, en ordonnant la vie des uns et des autres.

Epaulée par une nurse anglaise, puis par une préceptrice suisse allemande, elle se consacre ainsi au minutieux travail d'une femme au foyer. Robert, qui disait toujours qu'il avait passé trop de temps avec sa « nanny », veut que Margarita soit là pour ses enfants. L'orpheline privée d'amour maternel s'épanouit pleinement dans son nouveau rôle de mère modèle. Elle se charge de conduire ses fils à leurs différentes activités après l'école, de leur organiser de belles fêtes d'anniversaire, de les emmener chez le médecin, de leur faire faire leurs devoirs, de gérer la compétition entre eux en les incitant à faire des sports différents. Elle embauche un éducateur sportif pour les jumeaux, l'un apprenant le foot, l'autre le tennis. Elle cherche méticuleusement la meilleure école pour chacun, et prend soin d'en visiter plusieurs, même quand elle pense avoir trouvé la bonne. « Au cas où. » On ne sait jamais. Le pire peut toujours arriver.

L'éducation est stricte, à l'ancienne. Margarita a toujours un œil sur les enfants, et préfère les savoir bien encadrés quand elle n'est pas là. Elle sait les excès qui guettent les jeunes héritiers trop livrés à eux-mêmes. A l'adolescence, ils partent donc en pension. L'aîné choisit d'aller à Engelberg, en Suisse, et plus tard, les jumeaux partent à Singapour. L'été, elle les envoie en camp à Cape Cod, aux Etats-Unis. « Elle veut qu'ils soient ouverts sur le monde, Robert avait été élevé comme ça lui aussi », témoigne Tom Russell, qui les accueille dans sa maison du Massachusetts.

Le soir à la maison, l'ambiance est évidemment très cosmopolite. Margarita s'adresse à ses enfants en russe, leur père leur parle en français ou en anglais, langue qu'il utilise avec sa femme. La gouvernante parle allemand tandis qu'entre eux, les jumeaux utilisent le dialecte suisse. Une véritable gymnastique intellectuelle à laquelle les enfants doivent s'adapter. « Les jumeaux sont 60 % suisses, 40 % russes et français, dit Margarita. Eric est européen. » Enfant, l'aîné se repère en associant une langue à chaque personne : sa mère, c'est le russe, son père le français, et l'anglais la langue que parlent ses parents entre eux. Un jour, un ami français de son père se hasarde à lui dire quelques mots de russe. Il est vite remis à sa place. Le russe, c'est la langue de sa mère, et personne d'autre !

La vie avec Robert est aussi faite de surprises et de paillettes. La femme au foyer se transforme alors en princesse pour mener la grande vie, le temps d'une soirée ou d'un voyage. Grands amateurs d'opéra, Robert et Margarita décident parfois sur un coup de tête de partir en avion privé passer la soirée en Russie, au Théâtre Mariinski pour assister à une représentation d'*Aïda* ou de *Rigoletto*. Margarita admet sans ciller que la musique de Verdi lui rappelle l'énergie que dégage le stade Vélodrome lors des grands matchs.

Elle n'oublie cependant rien de ses origines. Pendant cette période, elle conserve un lien très fort avec ses amis de jeunesse et sa famille de Leningrad. Elle leur offre des vacances dans de grands hôtels, les emmène à Marseille, et leur fait profiter de sa situation. Robert, traité aux Etats-Unis pour sa leucémie, emmène avec lui une de ses amies d'adolescence, atteinte d'un cancer, pour lui permettre de se faire soigner par les meilleurs spécialistes. Margarita a ensuite payé son hospitalisation dans une clinique de Lucerne.

Presque chaque année, Margarita se rend en Russie, seule, avec Robert ou quelques amis. Elle cherche des figures de son enfance, comme Irina, une amie de l'internat, perdue de vue depuis quinze ans, qu'elle retrouve lors d'un voyage. Comme dans sa jeunesse, elle continue d'explorer les anciennes républiques de l'URSS. En 2006, le couple entreprend un grand voyage d'une semaine en Asie centrale pour suivre une partie de la route de la soie, avec des proches, dont Alexandre Pereira, directeur de l'Opéra de Zurich, un ami intime, ou l'ancien champion de boxe Louis Acariès, parti avec eux. Proche de Robert, le sportif connaît la région comme sa poche, la boxe y étant l'un des sports les plus populaires. Il présente Robert à des officiels, des notables, et des producteurs de coton, l'une des principales ressources de l'Ouzbékistan.

Le voyage est simple, sans artifices, même s'il se fait en avion privé et dans de beaux hôtels. Ici ou ailleurs, Margarita n'est pas du genre à dilapider l'argent du ménage. Elle est capable de faire toutes les boutiques de souvenirs d'un site touristique pour dénicher le tee-shirt le moins cher, celui qu'elle a vu en premier, même s'il faut marcher une demi-heure pour le retrouver et qu'elle est accompagnée.

Des grands voyages, Robert et Margarita en font presque chaque année. Il y a toujours un prétexte professionnel, toujours aussi quelques amis avec eux. Même malade, Robert continue de parcourir le monde avec sa femme. En 2008, ils affrètent un bateau à Istanbul et partent sur la mer Noire, faisant plusieurs étapes sur la côte. Odessa, Yalta... Robert est alors très affaibli, mais il veut se rendre à Sotchi, en Ouzbékistan, où doivent être organisés les Jeux olympiques d'hiver de 2014.

Deux vies, quatre maisons

Dans la panoplie de la femme de milliardaire, il y a aussi les maisons. Celles de Robert et Margarita ont ceci de particulier qu'elles offrent, en creux, une image du couple lui-même. Comme si l'un et l'autre avait choisi de faire sienne une des propriétés. Zurich, leur résidence principale, est le territoire de Margarita. La demeure de Caslano, petit village près de Lugano, abrite en revanche une magnifique maison de vacances, qui illustre l'extravagance dont peut faire preuve Robert. Quant à Davos, le chalet des séjours au ski, c'est la maison des amis, celle où sont invités les vrais intimes.

Dans la maison familiale de Zurich, située dans le quartier huppé de Zollikon, refuge des stars exilées et des hommes politiques, il y a peu de personnel. Ni cuisinier, ni concierge, ni chauffeur. Tout juste un jardinier de temps en temps et une femme de ménage. Quand elle reçoit, Margarita fait appel à un traiteur. « Les dîners étaient toujours très simples, se souvient un habitué. Ce n'étaient pas les soirées du gotha avec du caviar servi à la louche et des danseurs du Bolchoï. D'ailleurs, Robert préférait aller au restaurant. »

Cette grande demeure blanche de plusieurs étages n'en est pas moins luxueuse, avec ses colonnes de marbre, son ascenseur de verre dans l'entrée, sa baie vitrée donnant sur le lac, et sa salle de cinéma au sous-sol. Mais, située près de la route, elle n'a rien d'un petit Versailles. Peu de mobilier, quasiment pas d'objets d'arts. Quelques photos personnelles dans le salon, et un grand portrait de Robert. Margarita aime prendre la pose à côté, avec ses enfants, pour les photos destinées à la presse. Dans le parc ont été installés les balançoires des enfants et un panier de basket. Au bout, le lac, où Margarita va nager presque quotidiennement, même, dit-on, quand l'eau est à 15 degrés. L'ambiance est plus protestante que baroque. C'est principalement là que vit Margarita.

L'autre maison, en Suisse italienne, elle ne l'aime pas tellement. Elle la trouve dangereuse pour les enfants. La propriété ressemble à un palais dissimulé, invisible de l'extérieur, « une maison à la James Bond », d'après un visiteur. En 2000, Robert a fait construire cette immense propriété à Caslano, dans le canton ensoleillé de Ticino, pour en faire un lieu de vacances. Son caprice de milliardaire en quelque sorte. Ce gestionnaire hors pair, qui n'aime pas afficher sa fortune, est aussi capable des lubies les plus hallucinantes. « Il avait acheté un deuxième avion afin de pouvoir traverser l'Atlantique en fumant le cigare, ce qui était interdit en première classe dans les avions de ligne », raconte un de ses proches. Caslano est le reflet de ces fantaisies à plusieurs zéros. « Il y avait au milieu du terrain qu'il avait acheté une petite maison dont l'emplacement était gênant, raconte un autre de ses amis. Comme elle était classée, il n'avait pas pu la détruire. Il l'avait donc tout simplement déplacée pour pouvoir construire sa maison en ayant la vue sur le lac. » L'affaire avait fait à l'époque tant de bruit que la télévision suisse avait envoyé une équipe réaliser un reportage sur cet hurluberlu bougeant les maisons comme des hôtels de Monopoly pour être sûr de voir le lac depuis sa fenêtre.

A Caslano, l'immense parc abrite plusieurs bâtisses, une piscine, ainsi qu'une grande plage privée donnant sur le lac. Pour aménager les jardins, Robert avait commandé auprès d'artistes de la région quelques pièces monumentales. « C'était un véritable musée, se souvient un visiteur. Il avait même fait éditer un livre sur les artistes invités. » Sous la villa, Robert a fait construire un vaste parking, « grand comme un parking Vinci », selon un témoin, pour abriter ses nombreuses voitures de collection. Même s'il n'y vient que quelques semaines par an, Caslano est son territoire à lui, le lieu de toutes ses exubérances. C'est là qu'est basée Elfried, sa secrétaire personnelle, et certains collaborateurs. Le couple y vient occasionnellement le week-end, avec quelques amis. Parfois, le chef d'orchestre pétersbourgeois Valery Gergiev débarque, s'assoit au piano, et improvise un petit récital. Comme Robert, ce personnage fantasque et excessif aime faire la fête. Le maestro est aussi un amateur de foot et Robert n'hésite pas à l'emmener avec lui assister aux grands rendez-vous de l'OM.

Beaucoup de proches et d'amis du couple se souviennent d'une grande réception de plusieurs jours, organisée à Caslano en juin 2007 par Margarita pour son mari, son fils aîné, et elle-même à l'occasion de leurs trois anniversaires réunis. Des tentes avaient été dressées dans le jardin, et plusieurs hôtels entièrement réservés pour accueillir les invités. Des danseuses étaient même conviées. La mère de Robert avait exceptionnellement fait le déplacement. Fidèle à lui-même, Robert accueillait ses invités en tongs et en jean. « Tous les membres du personnel qui organisaient la réception appelaient Robert par son prénom », se souvient l'un des présents.

Enfin, à côté des résidences du couple, il y a cet appartement dont Margarita ne connaît d'abord pas l'existence. Il est situé dans un bel immeuble de la place des Etats-Unis à Paris et habité par une ravissante jeune femme. Robert l'a rencontrée peu de temps après avoir acheté l'OM, elle était alors la compagne d'un agent de joueurs. Discrète, la liaison que Robert entretient avec elle n'est toutefois un secret pour personne. Tous les proches sont au courant, certains membres de la famille aussi. Robert ne cherche pas à la cacher, car il veut l'aider. Elle est ambitieuse, elle veut faire des affaires, se former au business. Paternaliste, il l'introduit dans ses cercles professionnels, la présente à des journalistes, et lui confie la gestion d'un fonds dans lequel il a logé divers investissements dans le sport, United In Sport. Plus tard, lorsqu'il revient chez Louis Dreyfus, il lui donne un bureau et une assistante au siège du groupe, alors même qu'elle n'y travaille pas. Sa présence dans le bureau aux murs de verre de Robert et ses tenues déconcentrent parfois les autres membres de l'équipe. Certains s'inquiètent de la place croissante qu'elle prend. Robert s'expose tellement avec elle qu'une photo du couple finit par atterrir un jour dans la rubrique sport du journal, les présentant comme « Monsieur et Madame Louis-Dreyfus ».

Margarita n'ignore rien de ce qui se passe à Paris. Elle était d'ailleurs présente le soir où Robert a fait la connaissance de la jeune femme. Elle choisit de serrer les dents. Il est malade, les enfants sont petits. « Je ne connais pas la revanche », dit-elle. Un matin dans la cuisine de la maison de Zurich, Louis Acariès, qui connaît Robert sur le bout des doigts, la réconforte. « Tu verras, tu le récupéreras ton mari », prédit-il. Margarita hausse alors les épaules. Son mari n'est pas exemplaire, mais elle l'aime. « Il est brillant, tu dois le prendre comme il est », lui dit un autre. Naïf et cruel. Chez Robert, l'un ne va pas sans l'autre.

Marseille !

A la même époque, Marseille fait irruption dans la vie du couple. Pour Margarita, Marseille, cela ne signifie rien. Pour Robert, en revanche, c'est un rêve de gosse. Alors qu'il est encore le patron d'Adidas, l'homme d'affaires décide de racheter le sulfureux club marseillais pour 13 millions de francs en 1996. Tous les signaux sont au rouge. Le club, qui sort à peine de l'affaire OM-VA[1], est dans une situation financière difficile, et n'a pas emporté un titre depuis des années. Mais Robert Louis-Dreyfus est un sauveur d'entreprises. Sûr de son flair, persuadé du potentiel de la marque « OM », il pense en faire un club aussi rentable que le Bayern de Munich. Il mise aussi sur les synergies avec Adidas.

---

1. L'affaire OM-VA est une affaire de corruption qui a éclaté en 1993 à la suite du match de championnat gagné par l'OM contre Valenciennes. Des joueurs de Valenciennes ont affirmé avoir été incités à laisser l'équipe adverse gagner en échange d'une somme d'argent. Plusieurs dirigeants du club phocéen seront condamnés deux ans plus tard.

L'investissement se révèle très vite être son plus mauvais coup. Et probablement sa plus grande humiliation, lorsqu'il sera poursuivi en justice dans l'affaire des transferts de l'OM en 2006[1]. De son vivant, Robert Louis-Dreyfus aura dépensé 220 millions d'euros, pour ce qu'il n'hésitera pas à appeler lui-même sa « danseuse ». Sans doute l'intérêt de ses enfants pour le club a-t-il été une consolation pour le malheureux mécène. Eric, l'aîné des garçons, qui a donné son nom à Eric Soccer, le holding qui porte le club, n'a pas réellement de goût pour le football, mais les jumeaux, en revanche, ont hérité de la passion de leur père. En particulier Kyril, qui ne raterait un match pour rien au monde, debout dans la tribune du stade Vélodrome, écharpe bleu et blanc autour du cou. Il connaît le club sur le bout des doigts et a toujours une opinion sur les choix de joueurs et les transferts.

Dès qu'il le peut, leur père les emmène au stade. Margarita les accompagne parfois. Mais très vite, elle se lasse des insultes dont elle et son mari sont l'objet, et des banderoles la visant explicitement. Margarita est, en outre, convaincue que les difficultés de l'OM

---

1. L'affaire des transferts porte sur des malversations survenues au sein du club à l'occasion d'une quinzaine de transferts de joueurs entre 1997 et 1999, ayant donné lieu au versement de commissions occultes. Elle vaudra à Robert Louis-Dreyfus une condamnation à dix mois de prison avec sursis, et 200 000 euros d'amende en octobre 2007.

et le procès pour abus de biens sociaux dont son mari a fait l'objet, sont à l'origine de l'aggravation de sa maladie. Les dernières années du vivant de Robert, elle ne mettra plus les pieds à Marseille.

Le retour au bercail

Pendant ces années communes, Robert consulte de temps à autre Margarita sur ses choix professionnels, mais l'influence de cette dernière semble avoir été limitée. De façon générale, Robert demande beaucoup mais écoute peu. Dans les affaires, il a grande confiance en lui. Son dernier pari en revanche, elle ne l'approuve pas, et elle le lui dit. En vain.

Lorsqu'il quitte Adidas, au début des années 2000, il est sur les genoux. Professionnellement, il part sur un vrai succès : il a redressé la marque aux trois bandes, dont l'image est désormais associée à la victoire de l'équipe de France de football de la Coupe du monde de 1998. Mais il est épuisé. La leucémie, qui s'est déclarée la même année, l'oblige à aller faire une chimiothérapie régulièrement à Houston. Il décide de prendre quelques mois pour récupérer.

C'est alors que sa famille décide de faire appel à lui. Ironie du sort, près de vingt ans après avoir quitté la maison « LD » en claquant la porte, jurant qu'il n'y mettrait plus les pieds, ses cousins Gérard et Philippe tentent de le faire revenir. Il faut dire que depuis son dernier passage, en 1981, Robert a fait du chemin, redressant tour à tour IMS, Saatchi et Adidas. Sa réputation de sauveur d'entreprises commence à être sérieusement établie. L'idée qu'il puisse un jour succéder à son cousin Gérard est devenue de plus en plus évidente au sein de la famille. Mais Robert n'a pas oublié comment l'auguste maison l'a traité. Alors il se fait désirer.

Dans un premier temps, il n'est de toute façon pas question d'un engagement franc et massif de sa part. Il s'agit de prendre la présidence de la branche naissante, en pleine croissance, celle des télécoms. Son développement a été initié par Jacques Veyrat, un jeune ingénieur entré dans le groupe quelques années plus tôt. Ce polytechnicien qui n'a pas 40 ans le séduit par son intelligence et sa vivacité. L'allure juvénile de ce jeune homme un peu décoiffé, cravate fine et costume impeccablement coupé, naviguant avec autant d'aisance dans les grands corps de l'Etat que dans une « start-up », lui plaît. Veyrat n'a pas suivi la voie rectiligne à laquelle ses diplômes le prédestinaient, et a préféré rejoindre un groupe familial plutôt qu'un mastodonte du CAC 40. Il a compris que son pedigree, plus rare, y serait mieux valorisé. La légende veut qu'il ait même renoncé à une admissibilité à l'ENA, parce qu'il trouvait les polytechniciens énarques « ternes et prétentieux[1] ».

---

1. *Le Point*, « Jacques Veyrat : il défie France Télécom... et s'en va », 1er janvier 2008.

Mais ce Savoyard à la mâchoire carrée, issu d'une famille de notables de Chambéry, n'en aspire pas moins à devenir, un jour, numéro un. C'est d'ailleurs lui qui porte le projet d'introduction en Bourse des télécoms sur lequel l'entreprise travaille lorsque la famille fait appel à Robert.

En 2000, l'époque est à la nouvelle économie. Les « dot com », ces jeunes sociétés du Web, amassent des fortunes en Bourse sur des promesses de bénéfices futurs dont personne ne semble douter. Et les actions des entreprises de télécoms, qui fournissent les réseaux par lesquels transite l'information qui alimente Internet, atteignent elles aussi des records. Courtisée par banquiers et investisseurs, la petite activité télécoms de Louis Dreyfus rêve à son tour d'aller sur les marchés. Diriger une entreprise cotée en Bourse représente alors, pour Jacques Veyrat comme pour nombre de jeunes patrons, une forme d'aboutissement et de réussite. La clé de la notoriété et de l'anoblissement dans le monde des affaires parisien.

A peine arrivé, Robert sauve l'entreprise d'une catastrophe annoncée. Son flair le pousse à interrompre brutalement les travaux de cotation en juin 2000, juste avant le krach boursier de septembre. Un coup de maître. L'explosion de la bulle Internet va mettre ses concurrents à terre. La filiale du groupe, baptisée LDCom, n'aura plus qu'à les racheter pour une bouchée de pain, parfois même en touchant de l'argent. Fortel, Kertel, Firstmark,

Belgacom, Neuf Telecom en 2002 et enfin Cegetel en 2005. Une stratégie gagnante menée par Robert Louis-Dreyfus et Jacques Veyrat entre lesquels la confiance est totale. L'intégration des différentes sociétés se fait parfois au forceps, et Veyrat y gagne son surnom du « cost killer au visage d'ange ». S'il s'implique personnellement lorsque c'est nécessaire, au besoin en mettant une cravate, Robert se repose beaucoup sur le jeune dirigeant. Il n'est présent que quelques jours par semaine et s'occupe en parallèle de ses investissements personnels. Margarita, elle, suit tout ça à distance. Robert, qui s'amuse dans les télécoms, lui parle de Veyrat qu'il juge très talentueux.

Mais fin 2004, l'heure a sonné. L'américain Gérard a 72 ans et décide de passer la main. Les sœurs et cousins demandent cette fois explicitement à Robert de répondre à l'appel. Le symbole est fort. Le génie des affaires a, pour la première fois, l'occasion d'accomplir ce destin que son père avait tracé pour lui, et qu'il s'est échiné à éviter tout sa vie. « J'ai peut-être fait la plus grosse bêtise de ma vie, mais je ne pouvais pas faire autrement[1]. » Margarita, elle, est persuadée que c'est une nouvelle folie que Robert s'impose, alors qu'il est malade. Elle pressent que ce combat pourrait bien être le dernier. « Pour moi c'était une erreur qu'il y aille, il était malade, mais il le voulait pour son père qui était mort deux ans avant et qui avait laissé une lettre demandant à ses

1. Jean-Claude Bourbon, Jacques-Olivier Martin, *op. cit.*

enfants de tout faire pour que le groupe survive, explique Margarita. Toute sa vie, son père a voulu que son fils reprenne le groupe. »

Un message envoyé à travers le temps. Difficile de ne pas être au rendez-vous. Robert a des réserves. Il sait qu'il sera moins libre de ses mouvements dans le groupe familial que dans toutes les entreprises qu'il a redressées jusque-là, où il avait carte blanche. Il a conscience qu'il devra composer. Pourtant, il accepte, peut-être plus par devoir que par envie. Il a déjà en tête un projet ambitieux pour le groupe. Le racheter.

MARGARITA ET LE CASSE DU SIÈCLE

« Et comment comptes-tu faire ça ??? »

En ce début d'année 2006, Margarita est sceptique. Son mari est malade, mais il n'a pas le choix. Il a bouclé la boucle en revenant à la tête de l'empire familial à la demande des Louis-Dreyfus un an plus tôt. Il sait très clairement ce qu'il veut en faire, mais pour cela, il lui faut les clés de la maison. Pas question d'être un simple dirigeant tributaire de cousins qu'il juge peu, voire pas compétents. Robert ne doute pas de son talent et veut être maître chez lui. Autrement dit, devenir l'actionnaire majoritaire, le propriétaire. C'est aussi le moyen d'accomplir pleinement le rêve de son père. Contre cela, Margarita sait qu'elle ne peut rien. « Je ne voulais pas l'en empêcher car cela n'aurait servi à rien », dit-elle. Elle ne se doute pas que c'est aussi son propre avenir qui se trouve scellé par ce projet.

Comme tous les héritiers, Robert connaît bien le destin réservé aux entreprises familiales. L'histoire est toujours la même : la première génération bâtit, la deuxième gère, et la troisième détruit en se déchirant. Chez les Louis-Dreyfus, depuis cent cinquante ans, le capital est miraculeusement resté dans les mains de la famille grâce à la mise en place d'une règle simple, qui prend ironiquement tout son sens aujourd'hui : seuls les garçons peuvent hériter. Les filles sont purement et simplement privées de capital. Tout juste ont-elles l'honneur de donner leur nom aux bateaux de la branche maritime, qui s'est développée en parallèle de l'activité de négoce. Et encore. « Les bateaux qui avaient des noms de filles avaient la réputation de couler ! » s'amuse un cousin de Robert.

Mais à l'aube de la cinquième génération, le risque est réel. Le capital, jusque-là divisé entre deux lignées, est alors réparti entre leurs sept héritiers. Aucun n'a plus de 15 %. A la génération suivante, ils seront le double. Certains auront forcément besoin, ou envie de vendre. Et avec le temps, l'attachement au groupe se délite. Une partie de la famille vit aux Etats-Unis, d'autres sont en Suisse... D'autant que les dividendes versés n'ont rien de spectaculaire, quelques millions d'euros au plus les meilleures années. Dans les années 2000, Louis Dreyfus dégage bon an mal an une centaine de millions d'euros de bénéfices, pour un chiffre d'affaires de plus de 20 milliards. La majeure partie du résultat est réinvestie et distribuée aux salariés, notamment aux traders de la branche négoce. Parfois même, le groupe est dans le rouge. « Jusqu'en 2005, le groupe n'a jamais gagné beaucoup d'argent, sauf une fois dans les années 1990, témoigne un ancien cadre dirigeant.

Il y avait des années négatives, mais on s'arrangeait pour que cela ne se voie pas car les sociétés étaient imbriquées les unes dans les autres. » Résultat : pour s'assurer des revenus, les membres de la famille se font salarier par le groupe, et vivent modestement au regard de leur patrimoine.

Sept samouraïs et le projet Lion

Robert sait que l'édifice est fragile. Fin 2006, il convoque l'ensemble des actionnaires au siège de l'entreprise avenue de la Grande-Armée et abat ses cartes. Il explique à ses sœurs, Monique et Colette, et à ses cousins, Philippe, Gérard, Dominique et Laure, qu'il a l'intention de racheter le groupe.

Robert a travaillé depuis plusieurs mois sur son projet avec l'aide du banquier d'affaires Erik Maris, associé chez Lazard. Il s'est entiché de ce jeune spécialiste des fusions acquisitions, brillant et talentueux, dont il a croisé la route quatre ans plus tôt. Erik Maris lui avait alors vendu Neuf Telecom. Sa réputation, le financier l'a gagnée au début des années 2000, en signant quelques-uns des plus beaux « deals » de cette période un peu folle, pour Vivendi ou France Télécom. Ce qui lui a valu une ascension éclair chez Lazard : associé à 37 ans, patron de l'activité de conseil à tout juste 40 ans. Elancé, séduisant, il cultive une allure de dilettante, qui tranche dans un univers peuplé de premiers de la classe. Bronzé en toutes circonstances, sans cravate, chemise ouverte, il a sa légende à Paris. Ses motos et voitures de course sont presque aussi célèbres que ses clients. Son côté gentiment anti-conformiste plaît à Robert. Surtout, quand ses concurrents socialisent à l'Opéra, lui mène en parallèle une carrière de marin – il a été champion du monde de Farr 30, un voilier de croisière sportif. Même s'il le connaît somme toute assez peu, Robert décide de lui confier ce projet, de loin le plus ambitieux au regard de son enjeu affectif.

Le montage de ce qu'il a baptisé le « projet Lion » est simple : Robert propose de prendre 70 % du capital et de laisser à ses sœurs et cousins les 30 % restants, contre un chèque de 1,8 milliard d'euros. Il placera ses parts dans une fondation, qui aura interdiction de les céder pendant 99 ans. Cette garantie protège le caractère familial et privé de l'entreprise. Un argument de poids pour les héritiers présents ce jour-là.

Robert n'a pas l'intention d'acheter les parts de ses cousins avec ses économies, qui n'auraient en tout état de cause pas été suffisantes. Il a mis sur pied avec l'aide de Lazard un financement bancaire emmené par Natixis. Lorsqu'il présente son offre, il a déjà pensé à tout. La dette souscrite auprès des banques est gagée par les titres de la branche télécoms, qui a été rebaptisée Neuf Cegetel et introduite en Bourse fin 2006. Ce métier a prospéré formidablement depuis sa création, et est considéré comme l'actif le plus prometteur.

Mais la famille est sceptique. Pas sur le principe : les sœurs et les cousins de Robert sont conscients que la dispersion du capital est source de fragilité. « On savait qu'il fallait traiter ce genre de problèmes, sinon on allait dans le mur », se souvient l'un d'eux. Ce qui les gêne, c'est le prix. Robert considère que l'entreprise vaut un peu moins de 3 milliards d'euros, soit tout juste la valeur de ses actifs. C'est peu si l'on considère la valeur de ses concurrents.

Pourquoi ? « Toute la valeur du groupe était dans les télécoms, le reste ne valait quasiment rien », résume un proche des discussions à l'époque. La participation de 30 % dans Neuf Cegetel avoisine les 2 milliards d'euros en Bourse. Mais le reste du groupe, constitué pour l'essentiel de l'activité de négoce de grains, est mal valorisé. Et dans son métier historique, l'entreprise n'a pas investi : elle a peu d'usines de transformation et de raffinage, de silos, qui auraient pu gonfler sa valeur, à la différence de ses grands concurrents. Surtout, elle ne gagne pas d'argent. Résultat : même si le cycle du prix des matières premières est déjà très favorable à son activité, Louis Dreyfus n'est pas au sommet de sa valeur.

Cela, Robert le sait parfaitement : il a passé six mois à auditer le groupe de l'intérieur avant de dévoiler ses intentions. Margarita se souvient de lui revenant à la maison avec des piles de dossiers, qu'il passait ses soirées à éplucher. Il sait aussi comment faire mieux. L'homme n'a pas son pareil pour dresser, en quelques semaines, le diagnostic d'une entreprise en perte de vitesse, et trouver le remède de choc qu'il faut lui administrer. Louis Dreyfus peut devenir beaucoup plus rentable en étant organisée différemment. Eclatée sur plusieurs pays, l'activité n'est pas structurée. Les patrons des pays font ce qu'ils veulent sans se soucier de ce qui se passe au siège. « Il n'y avait aucune stratégie mondiale par métier, tout était fait au niveau des pays, raconte Serge Schoen, ancien des télécoms qui choisit de suivre Robert quand il prend la tête du groupe. De temps en temps, les responsables pays renvoyaient un peu d'argent au siège. » Avare de chiffres, l'entreprise n'a pas non plus de « business plan » présentable à montrer aux banquiers. Pendant longtemps, elle n'a même pas eu de rapport annuel. La transmission se faisait à l'oral. « Il n'y avait qu'un exemplaire du bilan qu'on donnait aux administrateurs, qui n'avaient pas le droit de le diffuser », se souvient un ancien cadre dirigeant. En sus, Gérard, qui dirigeait le groupe avant Robert, se passionnait pour l'énergie et n'avait pas d'intérêt pour les matières premières agricoles. Le négoce finançait donc les autres métiers, avec plus ou moins de succès. « Tout le cash partait ailleurs », résume Serge Schoen.

Reste que la valeur proposée par Robert est jugée trop faible. Certains membres de la famille sont sûrs de pouvoir obtenir plus en sollicitant d'autres acheteurs. Colette la sœur cadette et le cousin Gérard suscitent une contre-offre du fonds américain Highbridge Capital avec la banque UBS. La nouvelle proposition n'est pas beaucoup plus élevée que la première, mais elle sème la discorde au sein des actionnaires. Vendre le joyau familial à un fonds, voilà qui ferait se retourner l'ancêtre Léopold dans sa tombe !

La présentation de cette offre alternative, à laquelle Robert n'a pas voulu assister, se passe mal. Jacques Veyrat, qui a juré fidélité à Robert et le représente pour l'occasion, s'énerve et dissuade à la fois l'acheteur et les cousins de poursuivre les discussions. Il sait qu'il est en position de force : aucun acheteur ne peut sérieusement faire une offre sur l'entreprise contre son avis. Tous le considèrent déjà implicitement comme le dauphin de Robert.

Dîner de famille

Les discussions s'éternisent. Elles sont pénibles et éprouvantes. Plus d'une fois, le ton monte, les émotions débordent. Pendant des mois, les descendants de Léopold s'affrontent ouvertement dans les salles de réunions de cabinets d'avocats, froides, impersonnelles, toutes semblables. La bonne éducation bourgeoise ne suffit plus à dissimuler la rancune et les conflits qui couvent parfois depuis des années. La réussite de Robert agace. Son projet encore plus. Il touche au cœur de leur identité à tous. Louis Dreyfus, c'est à la fois leur nom, leur histoire, et leur patrimoine. Les non-dits laissent place aux disputes qui sont, en réalité, des querelles d'héritage avant l'heure.

Chacun estime avoir sa légitimité sur le pactole. Il y a ceux qui s'appellent encore Louis-Dreyfus, c'est-à-dire les hommes, comme Philippe ou Gérard, pour qui ce privilège confère des droits particuliers. Il y a les femmes, les sœurs de Robert notamment, qui transmettent le lien du sang mais ne portent plus le nom, et cherchent, depuis toujours, à exister dans une famille volontiers patriarcale. Il y a les conjoints, qui désirent montrer qu'ils sont à la hauteur, n'hésitant pas à faire preuve d'agressivité pour se faire entendre, voire de mépris. Et il y a les enfants, dont plusieurs sont devenus de jeunes adultes, certains actifs, et qui veulent donner leur avis.

Pour Robert, qui a toujours refusé de se considérer comme un héritier, ces réunions de famille sont un véritable calvaire. Il les appréhende tellement qu'il demande parfois à des amis extérieurs de l'accompagner, simplement pour ne pas faire le trajet seul. Il lui arrive de partir en claquant la porte, tant les échanges lui paraissent insoutenables.

Un jour, il va jusqu'à envoyer un message à tous les membres de sa famille en annonçant qu'il démissionne. Il disparaît pendant quelques jours, et ne répond plus au téléphone. A Paris, c'est l'affolement général. Personne ne sait où le trouver, pas plus Jacques Veyrat que ses sœurs. Toute l'opération est suspendue. Robert, qui cloisonne ses affaires, sa vie, et ses amis, est coutumier du fait. Il réapparaît généralement après quelques jours, comme si de rien n'était, sans explications.

Mais cette fois-là, il est à bout. « Je ne veux plus les voir », lance-t-il à un proche. Il ne supporte plus les doutes et les critiques dont il fait l'objet. Pendant près d'une semaine, il se mure dans le silence. Puis, il fait savoir, par l'intermédiaire de Jacques Veyrat, qu'il attend un signe d'amitié de la part de sa famille. En réalité, il attend un signe de confiance. Ces discussions rappellent des périodes difficiles, lorsque ni son père ni son oncle ne voulaient le prendre au sérieux, et lui donner sa chance dans l'entreprise familiale. Jacques Veyrat déploiera des trésors d'habileté et de patience pour le convaincre de revenir sur sa décision.

Restée en retrait, Margarita ne perd rien de ces échanges épidermiques. Elle s'inquiète de voir son mari revenir bouleversé des réunions familiales. A l'issue d'une rencontre, fin 2006, elle le trouve abattu comme jamais auparavant. Robert est si choqué qu'il ne parvient plus à parler. Elle monte alors au créneau pour tenter de raisonner les Louis-Dreyfus. « Cette opération est dans l'intérêt de tous, tente-t-elle maladroitement. L'entreprise restera ainsi dans la famille. » Mais sa voix porte peu. Et pour cause : ce sont ses enfants qui hériteront du trésor familial si l'opération aboutit.

A ses yeux, il ne fait aucun doute que Robert s'est mis en danger en se lançant dans ce projet. L'aggravation subite de la maladie de son mari, quelques mois plus tard, trouve en partie ses racines dans cet épisode. « Le virus de Robert était lié pour moitié aux discussions avec la famille, et l'autre moitié, c'était le procès de l'OM », grince-t-elle encore aujourd'hui. De cette période conflictuelle, elle n'a rien oublié.

En juin 2007, enfin, les actionnaires se mettent miraculeusement d'accord. Robert accepte de limiter sa part à 51 % plutôt que 70 %, sans réduire le montant du chèque signé à ceux qu'on appelle désormais « les minoritaires », puis simplement « les minos ». Après réflexion, ceux-là ont finalement préféré la proposition ferme de Robert à une offre extérieure, plus incertaine, et qui aurait irrémédiablement pris plus de temps à être conclue. Robert connaît la maison de l'intérieur, alors que n'importe quel autre acheteur aurait exigé de mener une analyse poussée des comptes de la société. Et probablement revu son offre à la baisse à la lecture des comptes. Autant de temps perdu pour les actionnaires.

A l'occasion de l'opération, Philippe Louis-Dreyfus, l'un des cousins de Robert, manifeste son souhait de reprendre la branche maritime, Louis Dreyfus Armateurs, qu'il dirigeait déjà depuis plusieurs années. Philippe n'aime pas beaucoup le négoce, même si c'est le métier historique de l'entreprise. Pour cet industriel dans l'âme, cette activité s'apparente davantage à la spéculation financière qu'à la création de richesses. « Les valeurs de Louis Dreyfus sont bafouées dans le négoce. J'aime le long terme, pas le court terme », aime-t-il répéter, citant volontiers son père Pierre, une figure de la famille. Mais comme les sœurs de Robert, il conserve un attachement affectif à la maison Louis Dreyfus, dont il restera administrateur et actionnaire à quelques pour-cent.

Des options à double détente

Dans la dernière ligne droite, Monique, la sœur aînée de Robert, qui a défendu son frère tout au long des discussions, obtient de sa part une ultime concession. En apparence sans importance, mais qui se révélera déterminante dans la suite des événements. Elle obtient une « clause de liquidité » pour l'ensemble des minoritaires. Une disposition très classique dans un montage de ce type, destinée à protéger les sœurs et cousins.

Cette clause prévoit que Robert s'engage à racheter leurs 49 % s'ils le demandent, chaque été à partir de 2012. Ceux-ci disposent donc de ce qu'on appelle en finance une option de vente, ou un « put ». Un mot barbare dont Margarita ne connaît pas encore l'existence mais qu'elle répétera bientôt plusieurs fois par jour.

Pourquoi ce filet de sécurité ? Par principe, et sans doute aussi pour se prémunir contre les incertitudes de l'avenir. Tant que Robert et Jacques Veyrat, en qui la famille a une confiance absolue, sont là, il n'y a pas de raison de s'inquiéter. Mais après ? Robert est malade, et rien ne dit que son brillant dirigeant n'aura pas envie, un jour ou l'autre, de quitter le nid. Qui leur succédera ? Le risque est pour eux de se trouver bloqués au capital d'une entreprise privée, sur laquelle leur influence sera par nature limitée, et dont il est toujours difficile de céder des titres. Ils veulent pouvoir vendre à leur guise en étant certain d'avoir un acheteur en face. Sage précaution. Nul n'imagine alors un instant que Margarita, la si discrète épouse de Robert, pourrait être amenée un jour à faire la pluie et le beau temps sur l'entreprise.

Robert accepte sans trop se poser de questions. Les montants qu'il s'imagine devoir verser le cas échéant lui semblent raisonnables. Les sommes en jeu en 2007 avoisinent quelques centaines de millions d'euros au plus. Mais le prix n'est pas arrêté. Précaution supplémentaire : les minoritaires exigent que Robert leur donne la garantie qu'il pourra les payer. Il doit gager une partie de son patrimoine personnel auprès de la banque, pour montrer qu'il pourra obtenir un crédit s'il le faut.

L'accord est enfin signé fin juin. Tous les actionnaires reçoivent du cash et des actions. Les deux sœurs de Robert reçoivent 360 millions d'euros chacune, les quatre autres actionnaires 250 millions chacun. Deux d'entre eux, dont l'américain Gérard, sortiront définitivement deux ans plus tard, permettant aux autres actionnaires de relever un peu leur part. Celle de Robert remontera ainsi progressivement à 59 % du capital, et 64 % aujourd'hui. Les deux sœurs de Robert, son cousin Philippe, et sa cousine Laure, encore actionnaires, sont incontestablement les plus attachés au groupe. Ils suivent de près ce qu'il s'y passe.

Les parts de la famille sont logés dans « Kurosawa », un holding baptisé par Robert en référence au réalisateur des *Sept Samouraïs*. Une citation volontairement un peu guerrière, à l'image des échanges entre les sept actionnaires. Kurosawa deviendra plus sobrement « Louis Dreyfus Holding » quelques mois plus tard. Les parts de Robert, elles, sont placées dans « Akira », une fondation basée au Liechtenstein, actionnaire de Kurosawa.

Lorsqu'il boucle l'accord, Robert est satisfait du montage. Il pense avoir mis le groupe à l'abri de conflits futurs en devenant l'actionnaire majoritaire et avoir ainsi protégé sa femme et ses enfants. Fin juin, il invite à déjeuner à l'auberge Dab, porte Maillot, son ami le professeur Gérard Tobelem, hématologue et fondateur de l'Institut des vaisseaux et du sang, que Robert finançait. Un salon privé a été réservé pour l'occasion. Il lui annonce avec quelques jours d'avance, devant un plateau de fruits de mer, le meccano complexe qu'il vient de mettre au point. « Je vais racheter la majorité des parts de ma famille. J'ai également mis toutes mes affaires en règle car je souhaite que ma femme et mes enfants, si je disparais, puissent assurer la continuité. Je ne veux pas que les 30 000 salariés se retrouvent à la porte ou en difficulté parce que le groupe est démembré. J'ai organisé une fondation par ailleurs, dans laquelle Margarita et, plus tard, les enfants, pourront siéger. » Sans le dire, Robert a aussi le sentiment d'avoir honoré la mémoire de son père. Bref, le sentiment du devoir accompli.

Le LBO du siècle

A tous égards, cette opération est peut-être la plus incroyable de toutes celles qu'il a menées jusque-là. Robert a pris le contrôle du groupe sans débourser un centime. Avec quasiment 100 % de dette. C'est l'exercice favori des fonds d'investissement. Dans la finance moderne, on appelle ça une acquisition à effet de levier, ou un « LBO » (leveraged buy-out) : racheter une société en l'endettant pour en prendre le contrôle. Mais dans les groupes familiaux, c'est une acrobatie financière peu fréquente. Celle-là est un cas d'école.

Le secret de ce tour de passe-passe, c'est l'incroyable sens du timing dont Robert Louis-Dreyfus et Jacques Veyrat ont fait preuve. La dégradation de l'état de santé du premier n'y est pas étrangère. A l'été 2007, Robert découvre qu'il est atteint d'un mal rarissime, le virus « John Cunningham », qui s'est greffé sur sa leucémie. Il pense alors n'en avoir plus que pour quelques semaines. Fin août, il invite Jacques Veyrat à déjeuner chez Laurent. Il lui explique que ses jours sont comptés, et qu'il faut rembourser au plus vite les deux milliards de dettes contractés pour financer l'opération. Le groupe doit dégager de l'argent rapidement. Seule solution : vendre un actif. La cession de la participation de Louis Dreyfus dans les télécoms, dont le scénario est dans toutes les têtes depuis quelque temps, doit s'accélérer. L'acheteur naturel est Vivendi, puisque le géant des médias contrôle déjà 40 % de Neuf, via sa filiale SFR. Jacques Veyrat entend le message et se débrouille pour avoir une offre en quelques semaines.

Mais même pressé, Robert ne perd pas le nord. Il veut vendre au meilleur prix. Il faudra près de quatre mois pour s'entendre. Un accord est trouvé in extremis lors d'un dîner quelques jours avant Noël, chez Lasserre, où se sont rassemblés quelques amis de Robert, Margarita et leur fils aîné Eric. Robert a dû venir à Paris alors qu'il est épuisé par le virus qui provoque chez lui des crises d'épilepsie très impressionnantes. Margarita l'a transporté de Zurich dans une chaise roulante, malgré les consignes des médecins. Comme il a beaucoup maigri, elle lui a mis une veste pour faire illusion. Il parle avec difficulté. Mais pas question pour lui de renoncer à piloter l'opération.

Les discussions sont tendues, y compris entre Jacques Veyrat et Robert Louis-Dreyfus. Le premier est prêt à céder et à accepter le prix proposé par Vivendi. Il craint que les négociations, déjà sur le fil du rasoir, ne s'interrompent alors qu'il faut faire vite. Il se demande si Robert ne joue pas une ultime partie de poker. S'énerve. Sans le dire, il craint aussi que la maladie ne l'emporte. Mais Robert tient bon. « Faites ce que je vous dis », murmure-t-il, imperturbable.

La part de Louis Dreyfus dans Neuf Cegetel sera finalement vendue à SFR quelque 2,1 milliards d'euros, un prix inespéré pour une activité lancée avec, en tout et pour tout, 7 millions d'euros de capital. Et largement assez pour rembourser la dette souscrite pour payer les parts de ses sœurs et cousins.

Pour Robert, l'opération est gagnante sur toute la ligne. C'est pour ainsi dire le « LBO du siècle », comme l'admet l'un de ses proches. Robert a pris le contrôle du groupe en quelques mois sans verser un euro de sa poche, et à un prix défiant toute concurrence. La valeur de l'entreprise, dont il possède désormais la majorité, ne va cesser de croître. Avec le travail de restructuration qu'il a amorcé, elle vaudra bientôt trois fois plus. De quoi laisser un goût amer aux autres actionnaires, qui se demandent s'ils n'ont pas fait affaire un peu trop vite l'été précédent. Certains regrettent déjà. Dès l'année 2008, les restructurations et investissements initiés par Robert commencent à produire leurs fruits, et l'entreprise, qui gagnait de l'argent une fois de temps en temps, approche le milliard de dollars de bénéfices.

Un intéressant plan d'intéressement

La réussite du LBO est au moins autant le fruit de l'incroyable instinct de Robert que du talent de Jacques Veyrat dans l'aventure des télécoms. A l'occasion de la réorganisation de l'actionnariat familial, Robert propose de mettre en place un plan d'intéressement pour le jeune dirigeant, totalement sur mesure. Une façon de le remercier, mais aussi de s'assurer de sa fidélité. Il lui propose de prendre 5 % du capital de Louis Dreyfus.

Avant même que la participation dans Neuf ne soit cédée, il charge donc ses avocats du cabinet Bredin Prat de réfléchir à un dispositif. Puisque Jacques Veyrat ne peut pas entrer dans Kurosawa, qui porte les parts de la famille Louis-Dreyfus, il va recevoir des actions d'un holding intermédiaire créé pour lui, baptisé LD SAS, et logé un étage sous le holding familial.

Au terme d'un mécanisme complexe, Veyrat doit recevoir 5 % des fonds propres créés pendant cette période, c'est-à-dire 5 % du capital qu'il contribue à générer en tant que dirigeant. Si les fonds propres, qui sont constitués par l'accumulation des bénéfices du groupe, n'augmentent pas, Veyrat ne perçoit rien. Hypothèse peu probable compte tenu de la dynamique sur le marché des matières premières à l'époque, et du faible niveau des fonds propres du groupe au départ. Le mécanisme est conçu pour que Veyrat puisse être actionnaire à l'échéance du plan d'une part équivalente à 5 % du capital, conforme à la promesse d'origine. Elaboré en septembre 2007, le plan est voté par la famille en assemblée générale fin novembre.

Le dirigeant dispose en parallèle d'une autre cagnotte. Il avait apporté 1,5 million de francs à la création de l'activité des télécoms, devenus 140 millions d'euros au moment de la vente de Neuf fin 2007. Il a réinvesti une partie de cet argent dans le groupe Louis Dreyfus. Veyrat n'a pas vraiment hésité, il est convaincu que son placement va s'apprécier très rapidement. Au terme de l'opération, le total de ses parts atteindra ainsi 7 %.

Début 2008, pour lui, c'est la consécration. Il a créé, coté, puis revendu à prix d'or Neuf Cegetel. Il vient d'être nommé directeur général de Louis Dreyfus, dont il va aussi devenir actionnaire. Le jeune ingénieur de 46 ans est alors salué par le Tout-Paris des affaires comme un dirigeant et un entrepreneur d'exception. Y compris par ses concurrents, dont Xavier Niel, qui voit en lui « le meilleur financier de sa génération[1] ». Comme tous les gens influents, désormais, il a aussi des ennemis. Dans l'aventure Neuf, il a bousculé quelques positions établies et récolté de solides inimitiés.

Il n'empêche. On le dit taillé pour prendre la direction d'un groupe du CAC 40. A cette époque, Jacques Veyrat est encensé par la presse, et marche sur l'eau. « Parfois, il dépassait les bornes et disait

1. *Le Point*, *art. cit.*

qu'il n'avait plus besoin de Robert, qu'il n'avait pas de comptes à lui rendre. Il faisait un point une fois par mois et estimait que c'était suffisant, se souvient un proche de Robert à l'époque. Il disait qu'il aurait d'autres propositions s'il partait. » A force d'être désigné comme le fils spirituel de Robert, Jacques Veyrat tend aussi parfois à oublier qu'il ne s'appelle pas Louis-Dreyfus. Mais personne ne le ramène vraiment à la réalité. Ni Robert, ni les Louis-Dreyfus, bluffés par le coup de maître de la cession de Neuf.

Pourtant, ses relations avec Robert sont complexes, à la fois teintées d'admiration réciproque et de réserve. Robert trouve Veyrat talentueux et décide très tôt d'en faire son successeur, mais il se méfie un peu de son ambition. « J'ai l'idée que mon dauphin pourrait être Jacques Veyrat, s'il ne fait pas trop de bêtises d'ici là », avait-il déclaré au *Point*, en février 2006. Depuis qu'ils se connaissent, les deux hommes veillent à conserver de la distance, se vouvoient et se fréquentent rarement à titre privé. « Ils avaient un intérêt mutuel à être ensemble, dit un proche des deux. Ils se respectaient, mais sans affection. Ils savaient ce qu'ils pouvaient attendre l'un de l'autre, mais ne se faisaient pas d'illusions. Aucun des deux ne se serait sacrifié pour l'autre. »

De fait, en dehors du talent, tout les oppose. Robert se moque des apparences, fuit les mondanités comme les médias, et s'habille comme il l'entend. Jacques Veyrat, qui n'est pas un héritier et doit se construire un nom, aspire en revanche à la reconnaissance du monde des affaires tricolore. Son image dans l'establishment, il la surveille de près et la soigne. Contrairement aux autres grands patrons, il n'hésite pas à voir les journalistes en tête à tête. Il passe vite au tutoiement, leur raconte les anecdotes dont ils raffolent. Généralement, cela fonctionne à merveille. Mais le dirigeant sait aussi instaurer un rapport de force quand il le décide, et n'hésite pas à appeler au plus haut niveau dans les rédactions lorsqu'il est mécontent d'un papier. Son allure n'est pas davantage improvisée. Ses costumes sur mesure viennent, dit-on, de la maison italienne Cifonelli, et ses souliers du bottier Berluti. Il se déplace en Smart, mais celle-ci est habillée de cuir Hermès. Comme il se doit, il possède un chalet à Courchevel, où il dit ne plus mettre les pieds. « Les Russes friqués, c'est pas mon truc », déclare-t-il au *Point* en janvier 2008, en référence à la clientèle qui fréquente la station.

C'est précisément à ce moment-là qu'Alain Minc, réputé faiseur de rois, fait circuler son nom pour succéder à Didier Lombard chez France Télécom. Le poste de PDG pourrait se libérer deux ans plus tard. Jacques Veyrat est tenté. « France Télécom, ça m'excite plus que Louis Dreyfus ! » admet-il à l'époque. L'hypothèse est incertaine, mais Robert veut se ménager une porte de sortie si Veyrat devait accepter. Son ami Xavier Boucobza, un professeur de droit qui l'a aidé lors du procès de l'OM, propose de lui présenter Antoine Frérot, alors numéro deux de Veolia.

Un dîner est organisé à la brasserie L'Ami Louis, dans le Marais, l'un des restaurants favoris de Robert. Le courant entre les deux hommes passe bien. « Les deux sont un peu atypiques, ils ne finissent pas leurs phrases... se souvient l'entremetteur. Entre eux, ça fonctionnait. » Ils parlent de tout et de rien, se reniflent. Robert a fait son enquête sur Antoine Frérot avant le dîner, mais il découvre un amateur de football, ce qui n'a rien pour lui déplaire. Antoine Frérot a une maison à Marseille et se passionne pour les soubresauts de l'OM. L'homme, qui ne cache pas son admiration pour Robert, ferait très bien l'affaire, mais il est profondément attaché à Veolia. Et la proposition de Robert est conditionnelle. Les choses en restent là. C'est finalement Stéphane Richard, le directeur de cabinet de Christine Lagarde à Bercy, qui sera choisi pour diriger France Télécom. Quant à Margarita, elle entendra vaguement parler d'Antoine Frérot, et de ce dîner à Paris. Vaguement, mais suffisamment pour se souvenir de lui au moment opportun, dix-huit mois plus tard.

« Margarita ? »

Robert, qui se sait malade, a par ailleurs commencé à organiser ses affaires personnelles. Il pense à sa succession, qui va bien au-delà du seul groupe Louis Dreyfus. Son patrimoine est à la fois diversifié et cloisonné, à l'image de ses multiples expériences professionnelles. Biens immobiliers, actions, entreprises, parts de fonds, œuvres d'art, et même un morceau d'île déserte... Il est le seul à avoir une vision globale de ce puzzle complexe. Il a volontairement construit les choses ainsi. « Robert entretenait un certain flou autour de son patrimoine, il n'aimait pas l'idée qu'il soit sur la table », commente un de ses amis. Personne ne connaît précisément l'étendue de sa fortune. Revers de la médaille, il est réputé être milliardaire. En décembre 2008, la revue économique suisse *Bilanz* le place ainsi au 77e rang de son classement des 300 plus grosses fortunes de Suisse, avec des biens évalués à 1,75 milliard de francs suisses (1,15 milliard d'euros). Une hypothèse basse, selon certains proches. Mais qui reste invérifiable.

Robert veut néanmoins que les choses soient en ordre pour ses enfants. Il a créé une fondation baptisée Paradine, pour financer le train de vie de sa famille. Elle est estimée à 400 millions de dollars et est gouvernée par cinq proches associés, dont son complice d'IMS, Tom Russell. Charge à eux d'éviter que l'argent ne soit dilapidé. Elle comporte pour l'essentiel des actions, notamment le résidu de sa participation dans Adidas, des parts de fonds, et des titres liquides dégageant du rendement.

La fondation Akira, elle, n'a vocation qu'à sanctuariser ses titres du groupe Louis Dreyfus, en les rendant incessibles. Pour veiller sur ce précieux patrimoine, il choisit trois « trustees », appelés aussi des « protecteurs » : Jacques Veyrat, son homme de confiance, Erik Maris, son banquier de Lazard, et... sa femme Margarita, qui apparaît là pour la première fois dans l'organigramme. Celle-ci représente la famille de Robert, qui ne peut avoir qu'un seul et unique siège dans la fondation. Avec deux représentants, la fondation serait considérée comme contrôlée par la famille, et risquerait de se voir appliquer un régime fiscal nettement moins favorable.

« Margarita ? » Jacques Veyrat et Erik Maris tombent des nues. Elle n'a pas été impliquée dans l'opération « Lion », et Robert n'en parle presque jamais. Les deux hommes l'ont vaguement croisée par le passé dans des réceptions organisées par le couple. Ils savent qu'elle est russe, et blonde, c'est à peu près tout. Ils sont persuadés, de bonne foi, qu'elle n'existe pas au-delà du foyer de Zurich, et que Robert vit ailleurs, dans son appartement, à Paris. Ce qui est en partie vrai. En partie seulement. C'est là toute la complexité du personnage : Robert a des agrégats d'amis et de relations qui ne se croisent presque jamais, mais ont tous le sentiment d'être des intimes. En réalité, il ne donne à voir à chacun qu'une petite partie de sa vie. Il compartimente ses amis comme ses affaires. Et Margarita reste son port d'attache, celle qu'il a toujours appelée « ma femme », quand il désignait l'autre par son prénom. Elle est la mère de ses enfants. Ni plus, ni moins. Désormais, il va falloir compter avec elle.

LA BLONDE TIENT TÊTE AUX MÉDECINS

« C'est très grave. » Ce vendredi d'août 2007, la vie de Margarita Louis-Dreyfus bascule. Cet été-là, Robert a perdu l'usage d'un doigt, puis de deux, puis de toute sa main droite. Sans explication. Ensemble, ils ont consulté plusieurs médecins. Ils ont même sollicité un spécialiste des thérapies alternatives, qui a prescrit une liste d'analyses longue comme le bras. Ils ont attendu... puis ont décidé de partir en vacances avec leurs enfants à Caslano. Mais l'inquiétude est palpable. Compte tenu des antécédents de Robert, ils craignent qu'il ne s'agisse d'une tumeur, ou d'une aggravation de sa leucémie.

Puis le verdict tombe : « Virus JC ». Ni Robert ni elle n'ont entendu parler de ce curieux mal à deux lettres. C'est peut-être bénin. Margarita rentre chez elle, et va faire une recherche rapide sur Internet. Quelques minutes plus tard, elle est anéantie. D'après ce qu'elle a lu, son mari n'a plus que trois ou quatre semaines à vivre. Le virus s'est déclaré en mai avec la paralysie, et l'espérance de vie ne dépasse pas quelques semaines. Robert, lui, préfère ne pas savoir. Elle lui en dit le minimum. « C'est très grave. »

Trois ou quatre semaines... Il n'y a pas de temps à perdre. Margarita ne réfléchit pas, elle se morfondra plus tard. Elle décroche son téléphone et appelle tous les médecins qui suivent Robert. Boston, Houston, Lugano, Zurich... « Aucun ne connaissait le virus », raconte-t-elle. L'un jure que ce n'est pas possible, l'autre promet de se lancer dans des recherches. Pas le temps. Elle continue, fouille, explore, enquête, seule. A Zurich, le dernier cas remonte à 1956... Peu importe. Margarita lit tout ce qu'elle trouve sur cette maladie rarissime, c'est-à-dire peu de chose. Le virus est très mal connu. Une certitude : il s'installe chez les individus ayant des déficiences immunitaires, comme Robert. Probablement la conséquence des multiples chimiothérapies, qui l'ont considérablement affaibli.

Margarita est systématique. Elle ne laisse rien au hasard, surtout quand les jours sont comptés. Sans même se l'avouer, elle décide de faire de la survie de Robert sa raison d'être. Dès le lundi, elle dresse la liste des hôpitaux universitaires en Europe, dix en tout, et les appelle tous, un par un. Elle refuse les rendez-vous, elle veut parler directement au chef de service de virologie. A chaque fois, elle raconte son histoire. « S'il vous plaît, c'est une question de vie ou de mort. » A chaque fois, elle convainc, sans dire son nom. Elle finit par apprendre que deux spécialistes de cette maladie exercent en Suisse, l'un à Bâle, l'autre à Lausanne. Mais aussi qu'aucun traitement ne va pouvoir sauver son mari.

Elle cherche alors du côté des traitements expérimentaux. Dix ans plus tôt, elle a emmené son amie d'enfance Svletana, atteinte du cancer, se faire soigner dans une clinique spécialisée dans les médecines parallèles, à Lucerne. Sans hésiter, elle appelle. Les médecins prescrivent à Robert un traitement à base de minéraux et de vitamines, destiné à renforcer ses défenses immunitaires. « Robert n'y croyait pas, mais il le faisait pour me faire plaisir, soupire-t-elle. Son médecin américain lui avait dit que ça ne servait à rien. » Un site Internet parle aussi d'un médicament contre la dépression qui n'est vendu qu'aux Etats-Unis, et qui serait susceptible de ralentir la progression de la maladie. Elle contacte sur-le-champ une amie américaine. Trois jours après, le médicament est livré chez elle.

Force de la nature, Robert survit miraculeusement pendant quelques semaines, parvient à s'occuper des affaires du groupe, et part même en voyage en Chine. Autant pour suivre ses investissements dans le sport que pour se distraire. Le verdict du procès en appel sur les transferts suspects de joueurs de l'OM est attendu le 17 octobre. Il ne veut surtout pas être en France à ce moment-là. Alors il va au casino à Macao, joue à la roulette. Il profite un peu de la vie, fait de bons repas, essaie d'oublier ce qui se passe en France. Sa condamnation sera finalement ramenée à dix mois de prison avec sursis, contre trois ans initialement, et 200 000 euros d'amende. Mais l'épisode restera pour lui une profonde blessure. L'OM ne lui aura guère apporté que des ennuis.

Hasard ou coïncidence, quelques jours plus tard, Margarita est chez elle à Zurich quand elle reçoit un coup de fil d'Elfried, l'une des assistantes de son mari. « Il faut que vous veniez très vite à Paris. Robert a eu un accident. Les pompiers l'ont emmené à l'Hôpital américain. » La veille, Robert a dîné dans un restaurant chinois de l'avenue Victor-Hugo à Paris, avec son cousin Alain, et ses amis Xavier Boucobza, professeur de droit et conseiller juridique, et Vincent Labrune, qui s'occupe alors de la communication de l'OM. La soirée a été arrosée. L'un des médecins a bien interdit l'alcool et le tabac, mais un autre, aux Etats-Unis, a estimé que « cela ne pourrait que lui remonter le moral »... Entre les deux injonctions, Robert a vite choisi. Après le dîner, il est rentré dans son appartement de la place des Etats-Unis.

Le lendemain, Jacques Veyrat appelle Vincent Labrune. « Où est Robert ? Il a un conseil de Direct Energie ce matin. Ça fait vingt minutes qu'on l'attend ! » Robert Louis-Dreyfus, qui a investi un peu d'argent dans l'opérateur alternatif d'énergie l'année précédente, n'est jamais en retard, et ne tolère pas que les autres le soient. En réalité, il a eu une crise d'épilepsie ce matin-là, et a été retrouvé inanimé en bas de chez lui par les pompiers.

Deux heures après avoir été prévenue, Margarita arrive à Paris et prend les choses en main. Robert est dans un état critique. Il est hospitalisé un mois entier avant d'être rapatrié à l'hôpital universitaire de Zurich. Margarita est à ses côtés presque nuit et jour. Les médecins tentent de contrôler les crises d'épilepsie qui se multiplient. Un traitement est proposé, mais il est tellement fort qu'il y a un risque que Robert ne se réveille pas. « Il fallait se décider vite, se souvient Margarita, les larmes aux yeux. On ne savait pas trop, on a accepté. Le médecin nous a dit de prendre cinq minutes pour se dire au revoir, au cas où. » Margarita apprendra plus tard que ce traitement si lourd était inutile. « C'était l'époque où je disais oui aux médecins sans poser de questions ».

Les spécialistes pensent que la fin est proche et conseillent d'administrer de la morphine pour l'aider à partir. Robert est alors complètement paralysé mais reste lucide. Il a demandé à rentrer à Zurich. Margarita s'occupe de lui sans interruption, avec l'aide de son fils aîné. A 15 ans, le jeune homme a plus de forces qu'elle pour le transporter. Elle n'a pas voulu embaucher d'assistance extérieure. En désespoir de cause, elle fait venir le médecin qui lui a prescrit les injections de vitamines et de minéraux. « Trois jours après, Robert était de nouveau assis, le médecin n'en revenait pas, les autres disaient que c'était une coïncidence », raconte-t-elle. Eblouie par ce miracle, elle est convaincue de l'efficacité du traitement, et ne supporte pas que les autres médecins ne la prennent pas au sérieux. Elle veillera toujours à ce que Robert reçoive bien son injection hebdomadaire, qu'il pleuve ou qu'il vente, parfois même contre l'avis des médecins. Désormais, c'est elle qui décide.

En l'espace de quelques semaines, Margarita prend complètement en charge la santé de son mari. Tout passe par elle. Elle centralise ses traitements, ses rendez-vous médicaux, ses analyses, ses déplacements. S'occupe de la rééducation de son bras avec un kinésithérapeute. Elle est le point d'entrée incontournable, celle qui recueille les informations, et en prodigue. Aux amis et proches, elle envoie chaque soir un sms ou un mail de plusieurs pages, en français ou en anglais, racontant dans le détail les commentaires des médecins ou les résultats des dernières analyses. « Elle faisait une sorte de rapport médical quotidien. Parfois, c'était tellement technique qu'on ne comprenait rien à ce qu'elle écrivait », raconte un des intimes de son mari. Ce rituel la rassure, lui permet de partager ses interrogations. Elle alterne les phases de grande inquiétude, et celles de soulagement, au moindre signe positif. Car pendant deux ans, Robert va frôler la mort à plusieurs reprises, et chaque fois se rétablir alors qu'il n'y a plus d'espoir.

Au fil des mois, Margarita devient une spécialiste du virus JC. Elle n'a qu'une confiance relative dans le corps médical. Elle veut être en mesure d'affronter les médecins sur leur propre terrain. Dès que son mari sommeille, elle s'informe sur cette pathologie si rare et si mal connue. Elle passe des heures, la nuit, sur Internet à pister les moindres informations sur de nouveaux traitements, et à discuter avec les meilleurs spécialistes. Très vite, elle devient presque aussi savante qu'eux. « Nous organisions souvent des conférences téléphoniques avec toute l'équipe médicale qui suivait Robert, raconte le professeur Gérard Tobelem, qui conseille le couple sur les aspects médicaux. Elle y assistait, comprenait la conversation, et posait des questions. »

Margarita ne ménage pas ses efforts. « Elle connaissait précisément les effets de tel ou tel médicament, et ce que cela impliquerait si son mari ne les prenait pas », se souvient Helen Candrian, l'une des assistantes de Robert, qui travaille désormais pour Margarita. Tout entière centrée sur son mari, elle le surveille à chaque instant, jouant tour à tour le rôle de l'épouse, de la mère, de l'infirmière, du médecin... « Je la revois sur le pas de la porte courir chercher une couverture pour couvrir Robert qui partait à l'aéroport afin qu'il ne prenne pas froid. C'était une attention de chaque instant », poursuit Helen Candrian.

Elle garde aussi un œil sur les fréquentations de son mari. Robert est un jouisseur, qui ne respecte pas toujours à la lettre les consignes qu'on lui a données. Dès que son état le lui permet, il brave les interdits, tente de retrouver un peu de liberté. Un jour, il demande un cigare à son ami Reto. Elle a vite fait de les rattraper par le col.

C'est également à cette période que Margarita se rapproche de Vincent Labrune. Celui-ci vient régulièrement passer du temps avec Robert à Zurich, à la fois pour lui parler de l'OM et pour le distraire de sa maladie. Margarita l'a vu quelquefois chez elle, dans le courant des années 2000, mais tant de gens défilent dans cette grande maison… Pendant les deux dernières années de vie de Robert, en revanche, Vincent Labrune entre réellement dans l'intimité du couple, et se lie même d'amitié avec les enfants. Passionné de football, il a pris au fil du temps un poids grandissant à Marseille. Ce personnage romanesque, cheveux longs et chemise blanche, a été présenté à Robert Louis-Dreyfus par l'ancien boxeur Louis Acariès sept ans plus tôt.

Quand il serre la main de Robert pour la première fois, Vincent Labrune, qui a vingt-cinq ans de moins que lui, a les yeux qui brillent. Il travaille pour la société de production de l'animateur Jean-Luc Delarue, mais il a deux passions : « le foot et la télé ». Pour lui, Robert Louis-Dreyfus, c'est une légende. Originaire d'Orléans, de parents enseignant et expert-comptable, il est fasciné par « RLD », qui l'introduit dans ce monde du foot et des affaires qui le fait tant rêver. Robert, Louis Acariès et Vincent Labrune se retrouvent régulièrement à dîner chez un ami commun où ils boivent du bon vin et parlent foot, boxe et médias. « Il faut imaginer Louis Acariès et Robert

Louis-Dreyfus arrivant en Smart, bras dessus bras dessous, se rappelle un témoin de ces dîners. Acariès avait pris l'habitude d'appeler Robert "lapin" ! »

Malgré la différence d'âge, Labrune plaît à Robert, qui le considère comme un petit frère. Le jeune homme est simple et direct, et ne s'est pas laissé griser par l'univers tape-à-l'œil de la télévision. Robert s'attache à lui, et lui propose de s'occuper de la communication de l'OM, lui qui aime si peu fréquenter les médias. Labrune est aux anges, à tel point qu'il travaille pour lui gracieusement. « C'est moi qui aurais dû payer pour lui donner des conseils ! corrige-t-il aujourd'hui. Il m'emmenait partout voir les plus grands matchs avec lui. Ce que je recevais était sans commune mesure avec ce que je lui donnais. » Puis lorsque éclate le procès sur les transferts de joueurs qui vise « RLD », Vincent Labrune monte en première ligne. Il use de ses relations avec les journalistes, notamment de télévision, pour défendre l'honneur de son mentor. Malin, ambitieux et sûr de lui, Vincent Labrune est direct et très à l'aise avec la presse. Incollable sur le foot, il sert bien les intérêts de son patron, et sait se rendre indispensable auprès de lui. D'autres dirigeants, dont ceux de TF1, Patrick Le Lay et Etienne Mougeotte, le sollicitent. Il crée sa société de communication en 2003. L'ascension éclair du « petit frère » de Robert ne fait que commencer.

Début 2008, Labrune a 37 ans et est encore inconnu du grand public, quand Robert décide de le nommer à la présidence du conseil de surveillance de l'OM, ainsi qu'à la présidence de son holding Eric Soccer, qui porte le club. C'est pour lui un formidable tremplin, même si Marseille est un monde plein de chausse-trappes. Mais Robert est épuisé par sa maladie, et il lui fait confiance. Il le consulte alors sur la plupart de ses investissements dans le sport. Privilège des intimes, il l'emmène même déjeuner chez sa mère à Saint-Germain-en-Laye. Afin que la vieille dame, presque aveugle, ne s'aperçoive pas de son état, Robert fait venir avec lui quelques amis chargés de faire la conversation pour détourner son attention. Elle sera trompée par les cheveux longs de Vincent Labrune. « Votre copine est charmante ! » juge-t-elle en s'adressant à l'un des convives.

A cette période, quand Margarita fait le tri parmi les visiteurs, nombreux, à se rendre au chevet de son mari, elle laisse toujours la porte ouverte pour Vincent Labrune. Puis peu à peu, elle se lie à son tour d'amitié avec lui.

Après son accident à Paris, Robert se remet progressivement à travailler et à voyager. Il a perdu l'usage de son bras droit et marche avec difficulté. Il voyage un peu, accompagné de son kinésithérapeute, mais le plus souvent, il rentre à Zurich le soir. Toute son énergie est consacrée à préparer l'avenir. Il fait venir quantité de documents sur l'entreprise et s'applique à transmettre des informations à sa femme, qui passe l'essentiel de son temps avec lui. Partout, dans les salles d'attente, à l'hôpital, chez lui, dans l'avion, il lui parle de l'entreprise. Concentrée sur la maladie, elle l'écoute d'une oreille distraite.

A l'été, l'amélioration de son état de santé lui permet de subir une nouvelle opération. Il s'agit d'une ablation de la rate, indispensable pour permettre la greffe de moelle épinière qui doit traiter sa leucémie. Les traitements, qui affaiblissent son système immunitaire, ont dû être allégés pour lui permettre de se défendre contre le virus, et du coup, la leucémie est repartie de plus belle. Margarita et Robert s'envolent pour Philadelphie, où les équipes de l'hôpital de l'université de Pennsylvanie sont très en pointe sur ce type de procédure. Mais le séjour tourne au cauchemar.

Quelques jours après l'opération, un médecin entre dans la chambre de Robert et prescrit sans explication un antidiabétique. « Il faut le prendre tout de suite, déclare-t-il.

— Pourquoi ? Je ne crois pas que mon mari ait du diabète, dit Margarita.

— C'est moi le médecin, c'est moi qui prends les décisions.

— Je voudrais appeler son cancérologue, je veux prendre son avis.

— Un cancérologue ne vous dira rien sur le diabète. Si vous ne voulez pas que votre mari meure cette nuit d'une infection, il faut lui donner ce traitement tout de suite. Vous avez le choix. Il y en a un qui coûte cher et n'a pas d'effets secondaires. Et un autre, moins cher, qui en a.

— Très bien. Je descends à la pharmacie de l'hôpital tout de suite. »

Dans le couloir, Margarita court vers la pharmacie qui est sur le point de fermer, mais elle n'a pas renoncé à avoir le dernier mot. Elle se demande quels médecins elle va bien pouvoir appeler en Europe avant de donner ce traitement. Il est 18 heures à Philadelphie, donc minuit à Zurich. Elle ne peut pas perdre de temps. Robert ne veut prendre aucun risque et lui reprocherait de s'entêter sans raison. Sans hésiter, elle réveille en pleine nuit tous les médecins qu'elle trouve. Qui confirment ce qu'elle savait : Robert n'a pas de diabète. Elle achète quand même le traitement. 200 dollars.

« Vous avez acheté le médicament ? demande le médecin qui l'attend dans la chambre à son retour.

— Oui.

— Vous l'avez donné ?

— Non.

— Ah, c'est tant mieux car je me suis trompé de chambre ! C'était pour un autre patient. »

Margarita est sans voix. Gêné, le médecin lui propose carrément de lui racheter le traitement et lui tend un billet. « Il lui manquait 10 dollars, il m'a promis de me les donner le lendemain », raconte-t-elle.

Après avoir repris des forces, elle appelle le chirurgien en chef de l'hôpital, et met les choses au clair. « Je veux que personne dans cet hôpital ne fasse quoi que ce soit à mon mari sans mon avis ! » Pour être sûre que sa consigne est bien respectée, elle passe ses journées au chevet de Robert, de 6 heures du matin à 11 heures du soir. Elle redoute que quelqu'un prenne une initiative hasardeuse pendant la nuit. Le pire est toujours possible.

Le lendemain, elle recroise le médecin, qui lui propose les 10 dollars. « Il pensait peut-être me faire taire, dit-elle. Mais je lui ai dit ce que je pensais. Il se décomposait au fur et à mesure. Il avait peur, je pouvais porter plainte, car ce traitement aurait pu tuer Robert ! »

L'arrogance des grands pontes de la médecine, Margarita l'affrontera plus d'une fois. Sans jamais se démonter. Quand on lui fait comprendre que les vitamines et les minéraux ne servent à rien, elle s'obstine et ne veut rien savoir. Quand on lui dit qu'il n'y a plus d'espoir et qu'il ne faut pas s'acharner, elle persévère. Pas question de baisser les bras. La survie de son mari est devenue sa raison d'être. Elle y consacre toutes ses forces, toute son énergie, sans jamais se demander pourquoi. Robert est lui aussi prêt à tout tenter pour gagner quelques semaines, quelques mois... Il veut voir ses enfants grandir. « Pendant deux ans, il y avait une grande volonté de vivre de sa part, et une volonté de sa femme qu'il vive encore plus grande. Ils voulaient tout tenter, y compris les traitements les plus expérimentaux », se souvient Gérard Tobelem.

Mais à Philadelphie, la situation est critique. Après avoir subi une ablation de la rate, Robert enchaîne les infections et est mis sous coma artificiel pendant quelques jours. Margarita décide de le ramener en Suisse malgré son état. Le retour en avion est à haut risque, Robert est entre la vie et la mort. Le pilote a dressé une liste des aéroports les plus proches d'hôpitaux, où l'avion pourra atterrir en cas d'urgence.

Il arrive finalement sain et sauf. Une fois de plus, il se rétablit in extremis, et s'accorde un voyage aux Maldives, archipel où il se rend chaque année en famille, avec ses enfants et quelques amis. Là, Margarita s'occupe de lui. « Margarita le portait dans l'eau, cela le soulageait », raconte son amie d'enfance Natalia, qui était avec eux.

Son acharnement à préserver les apparences d'une vie normale est sans égal. C'est un combat quotidien, que Margarita mène sans relâche, dans toutes les situations. Un jour, alors qu'elle a oublié sa clé, elle n'hésite pas à aller chercher une échelle chez le voisin, à grimper jusqu'au deuxième étage avec ses talons pour pénétrer dans la maison par une toute petite fenêtre restée ouverte, et faire entrer par la porte son mari qui vient de subir une ponction lombaire et l'attend dans la voiture. Dix fois, elle manque de tomber et de se briser le cou. Mais appeler un serrurier aurait pris trop de temps, alors que Robert souffre le martyre.

Margarita connaît si bien son mari qu'elle anticipe ses besoins sans même qu'il ouvre la bouche. « Elle le regardait lire son journal pour aller lui tourner les pages », se souvient Gérard Tobelem. Margarita sait qu'il ne demandera rien, car il a horreur de dépendre de qui que ce soit, alors qu'il est partiellement paralysé. Il refuse d'ailleurs d'embaucher une aide extérieure, et se repose entièrement sur sa femme. Avec elle, il n'est pas un malade. « Margarita avait une empathie extraordinaire, sans misérabilisme, avec de la gaieté en permanence, poursuit Gérard Tobelem. Elle tournait en amusement et avec humour certaines de ses maladresses, et ça le faisait rire. Les moments avec eux n'étaient pas pénibles, alors qu'il souffrait énormément et était totalement lucide. Il y avait toujours des moments de rires, de vraies conversations, comme si la maladie n'était pas là. » Un jour, alors qu'elle lui prépare des crustacés pour le déjeuner, elle s'arrose d'un jet d'eau de mer en cassant une pince de crabe, et part dans un éclat de rire. « Regarde ça, Robert, je suis encore plus maladroite que toi ! »

Début 2009, il peut enfin subir la greffe de moelle osseuse qui doit permettre de soigner sa leucémie. Cette opération est délicate, car elle suppose un traitement préventif qui diminue les défenses immunitaires, et peut entraîner des complications infectieuses. L'équipe médicale en a débattu pendant plusieurs heures lors d'une réunion à Zurich, en présence de sa sœur aînée Monique, qui doit donner sa moelle pour l'opération, et de Margarita. L'occasion pour les deux femmes, qui se voient souvent depuis que Robert est malade, de se rapprocher un peu plus. Comme le reste de la famille, Monique est admirative du dévouement dont fait preuve Margarita à l'égard de Robert.

La greffe a finalement lieu à Tel-Aviv, où le couple a trouvé un spécialiste qui pratique une technique très spécifique. Robert y passe plusieurs semaines en chambre stérile, complètement confiné. Margarita est là, à son chevet, malgré la lourdeur du protocole. Comme tous les visiteurs, elle doit porter un scaphandre pour entrer dans la pièce.

La greffe prend, mais n'aura qu'un effet très éphémère. Quand Robert rentre à Zurich, c'est un fantôme, il a perdu plusieurs dizaines de kilos et tient à peine debout. Lui qui avait brûlé la vie par les deux bouts s'accroche à ce qui lui reste d'énergie comme à un fil suspendu. « J'ai eu une vie incroyablement pleine, dira-t-il un jour à Margarita. J'ai vécu plus que ceux qui meurent à cent ans[1]. »

En mai, il perd l'usage du deuxième bras. Mais il ne renonce pas. Jusqu'au bout, il continue à se projeter dans l'avenir. Il a des idées, prend des initiatives, tant pour le groupe que pour lui-même. Il songe à sa convalescence et à sa retraite, et décide d'acheter une maison en Corse, dans la baie de Porto-Vecchio. Il a même pris contact avec une architecte d'intérieur pour l'aménager. La promesse de vente doit être signée en juin 2009. Ses proches le regardent faire. Ils hésitent à l'encourager, mais sont épatés. L'homme est un survivant. Il aurait déjà

1. Jean-Claude Bourbon, Jacques-Olivier Martin, *op. cit.*

dû mourir plusieurs fois et pourtant, il est toujours là.

Cette volonté de garder des projets le tient en vie, lui donne l'illusion qu'il va continuer. A l'OM, c'est la même chose. Jamais au cours des deux dernières années de sa vie, il ne cesse de s'intéresser à Marseille, l'investissement dans lequel il a probablement mis le plus de lui-même. Alors qu'il tient à peine debout, il continue d'aller assister aux matchs quand il le peut, frêle, s'appuyant sur Margarita. Pourtant, à Marseille, les difficultés ne manquent pas. Le président du club, Pape Diouf, a pris un peu trop d'autonomie et rechigne à rendre des comptes à l'actionnaire. Plusieurs fois, Robert tente de le rappeler à l'ordre, par presse interposée, ou en envoyant des émissaires. Très populaire auprès des supporters et des Marseillais, Diouf est devenu difficile à gérer. Or Robert veut laisser à Margarita et ses enfants une situation assainie et apaisée.

Trois semaines avant de mourir, alors qu'il n'a plus de forces, il choisit de le congédier lui-même. Il charge son conseiller juridique Xavier Boucobza de le faire venir avec son avion privé à Zurich pour lui annoncer la nouvelle en personne. Malgré les différends qui les ont opposés, les deux hommes s'apprécient. Ils partagent d'autres centres d'intérêt que le football. Robert veut faire les choses correctement, mais n'a plus de forces. L'entrevue est brève. Choqué par le spectacle de Robert décharné et paralysé, Pape Diouf ne cherche pas à se défendre. Cinq jours plus tard, Jean-Claude Dassier, directeur de l'information de TF1, est intronisé président. Dans la foulée, Robert donne son feu vert pour le recrutement de l'Argentin Lucho Gonzalez pour 18 millions d'euros, l'un des transferts les plus chers de l'histoire du football. Un beau cadeau d'adieu.

Fin juin, il est hospitalisé et décède à Davos le 4 juillet. Ce jour-là, pour Margarita, le sol se dérobe. Deux années, consacrées entièrement à la survie de Robert, à lutter sans relâche contre la mort et la maladie. Et soudain, le vide. L'absence.

La maladie de Robert est le seul chapitre de sa vie qu'elle évoque aujourd'hui avec une émotion réelle et non maîtrisée. Celui aussi sur lequel elle n'omet aucun détail, aucune date, aucune information. Margarita est la mémoire vivante de ces deux années. Dans sa vie, cette épreuve semble avoir pris le pas sur toutes les autres.

Pourquoi s'être tant battue pour sauver cet époux qui ne demandait rien ? Elle-même ne sait pas répondre. Par amour, sans aucun doute, et pour ses enfants qu'elle ne voulait pas voir grandir sans père, elle qui avait été privée de ses parents. « Margarita n'a pas soigné Robert pour l'argent. Son héritage à elle était déjà réglé, avance Louis Acariès. Elle l'a soigné pour les enfants, et par amour. Je pense que leur histoire d'amour aura été plus intense à la fin qu'au début. » Par sens du devoir, sans doute, et par altruisme. Parce qu'elle est obstinée de nature, aussi. Margarita n'aime pas que les faits lui résistent. Elle veut, elle peut. Son mari est condamné, elle le sauvera. Ceux qui la raisonnent et lui disent qu'elle n'a aucune chance sont rayés de la carte. Derrière ses tenues roses, sa blondeur et son air de poupée, c'est une redoutable guerrière, entêtée, tenace, déterminée. Sa vie l'a prouvé maintes fois, elle n'hésite pas à réécrire la fin du film s'il lui déplaît. Comme elle échoue rarement, elle a une grande confiance en elle, et en son jugement. Elle est d'ailleurs consciente du caractère exceptionnel du combat qu'elle a mené. « J'ai sauvé la vie de mon mari cinq fois », dit-elle.

Six jours plus tard, au crématorium de Davos, une centaine de proches et amis ont fait le déplacement pour les funérailles de Robert. Des sportifs, des hommes d'affaires, des avocats, des proches forment le mélange cosmopolite et varié que Robert affectionnait. L'équipe des médecins qui l'ont suivi au cours des deux dernières années est venue au complet. Plusieurs joueurs de l'OM sont là, dont Mamadou Niang et Steve Mandanda. Margarita a demandé à certains proches de faire un discours en anglais. Tom Russell, l'associé de la première heure, Reto, l'ami de Davos, Philippe Blatter, et l'un des médecins, disent quelques mots. Seul Jacques Veyrat parlera en français. Monique, la sœur aînée de Robert, remerciera quant à elle publiquement Margarita pour les deux années passées à soigner Robert.

A la fin de l'été, Marseille rend à son tour un ultime hommage à Robert Louis-Dreyfus, généreux mécène si mal traité. La cérémonie a lieu le 30 août, juste avant un match contre Bordeaux. Un rendez-vous que Margarita appréhende un peu. Quelques jours après la mort de Robert, elle s'est entretenue avec Vincent Labrune, et a décidé de garder le club. Des offres de reprise se sont présentées ces derniers mois, mais il est difficile de dire si elles sont crédibles. Margarita a reçu toutes sortes de conseils divergents, mais choisit d'honorer la mémoire de son mari. Dans un premier temps en tout cas. Le sujet est très complexe et elle le sait.

Pourtant, elle ne s'est jamais sentie chez elle à Marseille. Les dernières années, ses apparitions s'y sont faites rares. Entre les insultes dont elle a fait l'objet du vivant de Robert, et l'aggravation de l'état de santé de celui-ci, qu'elle impute en grande partie à l'OM, elle n'a aucune raison d'être attachée à cette ville qui lui a tant coûté. Mais la soirée hommage est importante, il faut qu'elle montre qu'elle est là, prête à soutenir le club. « J'ai eu l'accord des supporters, ils vont se tenir », lui a garanti Jean-Claude Dassier.

Le soir même, le stade Vélodrome est plein à craquer. Plusieurs personnalités politiques ont fait le déplacement. Une bâche ronde à l'image de « RLD » a été placée au centre du terrain, portée par les joueurs de l'équipe, tandis qu'un film est projeté. Kyril et Maurice, les jumeaux, donnent le coup d'envoi du match. Margarita est restée plus en retrait dans la loge avec son fils aîné.

Quoique émouvante, la soirée ne suffit pas à dissimuler les interrogations. A Marseille, on se demande désormais à qui on va avoir affaire. Quelles sont les intentions de la nouvelle propriétaire ? Certes, elle a publié un bref communiqué soulignant qu'elle comptait « poursuivre l'œuvre engagée » par Robert. Mais rien de très précis. Elle ne s'est pas exprimée davantage depuis. Cette étrange blonde, qui dit ne pas parler français, sera-t-elle aussi généreuse que son mari ? Est-ce d'ailleurs vraiment elle qui tire les ficelles ?

Une question qui ne reste pas longtemps sans réponse.

LE MYSTÉRIEUX TESTAMENT DE ROBERT

« Un put? Mais c'est quoi un put? » Margarita n'y entend rien. Ce mercredi 23 septembre 2009, elle siège pour la première fois comme trustee de la fondation Akira depuis la mort de Robert Louis-Dreyfus deux mois auparavant. Un peu plus tôt, Jacques Veyrat et Erik Maris, les deux autres trustees, sont passés la chercher à Zurich. Elle a mis sa visière noire qui la protège du soleil et, comme en toutes circonstances, elle est accompagnée de son petit chien blanc « Liebchen », qui signifie « petit trésor », en allemand. Un nom choisi par Robert lui-même.

Les trois protecteurs se sont ensuite rendus à Vaduz, au Liechtenstein, pour se réunir dans le salon glacial d'un cabinet d'avocats de la principauté. L'austérité du lieu contraste avec le décor champêtre qui l'entoure : montagnes verdoyantes, petites maisons sages et bien rangées, quelques clochers néogothiques... On dirait que le temps s'est arrêté.

Chacun est dans son rôle : Jacques Veyrat, le dauphin, devenu PDG du groupe un peu avant la mort de Robert, qui a désormais un rôle clé dans l'organisation. Erik Maris, son banquier de Lazard, qui connaît, lui aussi, le groupe sur le bout des doigts. Et Margarita, représentante des enfants jusqu'à leur majorité, qui a été fixée, pour Akira, à 33 ans. Les héritiers formels des parts, ce sont eux.

Margarita fait bonne figure, mais intérieurement, sa vie est un champ de ruines. La disparition de Robert ne date que de quelques semaines. Elle a passé l'été à consoler ses enfants, à ranger les affaires de Robert, à faire du tri dans ses souvenirs, à tenter d'imaginer sa nouvelle vie sans lui, seule avec ses trois enfants... Sans compter la gestion de l'héritage, qui l'oblige à passer des heures avec les avocats. Et la voilà projetée, presque du jour au lendemain, dans un univers auquel elle ne comprend rien.

Jacques Veyrat et Erik Maris, Margarita les connaît à peine. Ni l'un ni l'autre ne font partie des intimes du couple. Elle les a essentiellement croisés au cours des deux dernières années, lorsque son mari était malade, et que Jacques Veyrat venait à Zurich lui parler de Louis Dreyfus. Mais elle a confiance. Tous trois sont là pour protéger les intérêts des héritiers de Robert. De toute façon, les statuts de la fondation sont formels : les trustees sont irrévocables. Akira est là pour durer. Comme le dit Margarita, la fondation a été conçue comme leur quatrième enfant.

Veyrat et Maris, en revanche, se connaissent bien, ils ont travaillé ensemble lors de transactions pour le groupe. La quarantaine, sûrs d'eux et d'allure décontractée, ils fréquentent les mêmes cercles, sortent des mêmes grandes écoles – HEC pour l'un, Polytechnique pour l'autre –, déjeunent et dînent aux mêmes tables de la rive droite. Malgré leur pedigree très parisien, l'un comme l'autre ont eu des liens directs et privilégiés avec Robert de son vivant.

Cette réunion n'a pas réellement d'ordre du jour. Elle vise surtout à mettre en place le fonctionnement de la fondation, encadré par les textes un peu artificiels du Liechtenstein qui prévoient de faire travailler des intermédiaires locaux à presque chaque étape. « Le Liechtenstein, c'est fripouille et compagnie, raconte un bon connaisseur du dispositif. Il y a la banque au premier étage, le cabinet d'avocats au deuxième, la fiducie au troisième, et les experts-comptables au quatrième. Ils sont cinquante dans le monde, tous frères ou cousins, c'est le summum de la médiocrité. » Résultat, Akira est gouvernée officiellement par des avocats de la principauté, qui prennent les instructions des trustees puisqu'ils ne connaissent rien au groupe.

Pendant les deux heures de réunion, Margarita ne dit pas un mot. Elle écoute. Incidemment, la question des actionnaires minoritaires est abordée. Jacques Veyrat rappelle les engagements de Robert : au terme de l'opération conclue en 2007 avec Robert, les quatre minoritaires disposent d'un droit de cession progressive de leurs 41 % du groupe aux héritiers de Robert, à partir de 2012. Ce sont les fameux « puts », dont ils disposeront jusqu'en 2027.

En sortant de la pièce, Margarita s'approche d'un des avocats présents. « La famille peut vendre ses parts ? » demande-t-elle éberluée. Elle ne cache pas son ignorance, même si les deux autres doutent un peu de sa candeur. C'est sa façon à elle d'avancer masquée, ils l'apprendront plus tard. L'avocat lui explique le fonctionnement des options : c'est elle qui va devoir se préparer à racheter ces parts, puisque c'est Robert qui a accordé ce droit à ses sœurs et cousins. « Moi ? Mais c'est une catastrophe ! Je n'ai même pas de quoi vivre ! » s'écrie-t-elle, prise de panique. Près de la moitié du capital à racheter... elle s'imagine déjà ruinée.

Pourtant, le sujet des options n'est pas totalement nouveau, même pour elle. Il a été évoqué presque à chaque conseil de surveillance du groupe, où Margarita siège depuis deux ans. Robert lui en a parlé en termes simplifiés, et n'a jamais utilisé le mot « puts ». Et elle, qui passait l'essentiel de son temps à s'occuper de la maladie de son mari et ne quittait Zurich que pour voir des médecins, n'y a pas vraiment prêté attention. Dans l'héritage, elle était censée ne s'occuper de rien. Et puis c'est lui qui a accordé ces faveurs à sa famille. Pourquoi s'en serait-elle inquiétée ? Elle était si confiante, qu'elle est venue à la réunion d'Akira sans avoir lu les accords de 2007, qu'elle n'a d'ailleurs même pas. Tous les documents sont entre les mains des avocats du groupe et de Robert.

Ce jour-là, Margarita prend peur. Elle ne voit pas comment faire face à ses obligations. Jacques Veyrat lui a expliqué que cette opération pourrait coûter plusieurs milliards... qu'elle n'a pas ! Dans l'héritage, elle n'a pas été lésée, mais dispose somme toute de peu de liquidités face aux sommes en jeu. Quelques centaines de millions d'euros tout au plus. Des milliards, aucunement ! Comment Robert a-t-il pu laisser une telle inconnue dans son testament ?

Lorsqu'elle prend connaissance des engagements qui pèsent sur elle, Margarita est toujours occupée à reconstituer les différents morceaux de l'empire éclaté légué par son mari, véritable emboîtement de cubes de formes et de tailles différentes. Elle ne mesure pas encore l'étendue et la complexité du patrimoine qu'il a laissé. Chaque pièce du puzzle est gouvernée et protégée de façon différente.

A côté d'Akira, qui abrite ses parts dans l'entreprise, et de la fondation Paradine, qui doit financer les dépenses courantes de la famille, il y a les maisons, et des investissements dans le sport. Une participation minoritaire dans le fonds Airesis, qui gère notamment Le Coq sportif et quelques marques d'équipement sportif. Et l'OM, bien sûr, qui a été directement transmis aux enfants avec d'autres actifs. Ce morceau de l'héritage est géré, jusqu'à leur majorité, par un triple cercle de protecteurs. D'abord deux exécuteurs testamentaires zurichois, d'austères avocats suisses allemands qui veillent sur le magot comme sur la prunelle de leurs yeux. Ils suivent les déboires du club marseillais de très près, s'émouvant régulièrement des pertes qu'il génère. C'est à eux que Margarita doit demander de l'argent quand elle en a besoin. Un deuxième filet de sécurité est constitué d'administrateurs nommés par la commune à Davos, qui repassent derrière toutes les décisions prises par les avocats. Enfin, Reto Stiffler, le fidèle parmi les fidèles, a été nommé tuteur des enfants, et signe à leur place jusqu'à leurs 18 ans.

Dans l'héritage de Robert, il y a aussi des choses inachevées. Margarita a ainsi dû détricoter certains investissements décidés par son mari, dont celui dans le holding United In Sport (UIS). En 2007, Robert avait confié à son ancienne maîtresse ce fonds d'investissement, gérant un peu plus de 200 millions d'euros d'actifs dans le sport, afin qu'elle se forme aux affaires. Son principal investissement est alors la société Infront, qui gère les droits de retransmission d'événements sportifs, entre autres des Coupes du monde de football 2002 et 2006, et les droits asiatiques de la Fédération internationale de football (FIFA). C'est une véritable pépite créée par « RLD » sur les décombres de l'empire Kirch en 2002, et sur laquelle lorgnent avec insistance les fonds souverains du Golfe.

Lorsqu'elle se penche sur l'héritage, Margarita découvre l'existence d'un engagement pris par Robert vis-à-vis d'UIS, qu'elle doit, en théorie, honorer. Un peu avant sa disparition, son époux avait accepté de réinvestir de l'argent dans le fonds UIS, signant une lettre, dont il n'avait sans doute pas mesuré toute la portée. Margarita, elle, ne veut pas en entendre parler. Pas question de subventionner ce fonds, même s'il est rentable. Elle charge ses avocats d'envoyer du papier bleu à l'intéressée, mise en demeure de renoncer à ce nouvel apport de liquidités. Celle-ci fera rapidement marche arrière, et ne fera plus parler d'elle dans l'héritage. Malgré ce contretemps, l'opération aura tout de même été très fructueuse pour la jeune femme et les investisseurs d'UIS. Infront sera en effet vendu près de 600 millions d'euros deux ans plus tard à un fonds d'investissement. Un succès de plus à l'actif de « RLD ».

Malgré cet épisode, il semble que les deux femmes n'aient pas complètement coupé les ponts par la suite. Curieusement, elles se sont découvert a posteriori un ennemi commun : Jacques Veyrat. Le dirigeant se méfie depuis toujours de la compagne illégitime de Robert et de ses intentions. Sa présence dans l'organisation le dérangeait. D'après certaines sources, Margarita aurait eu un échange avec elle, après la mort de Robert, au cours duquel elles auraient partagé leur analyse critique sur son dauphin.

Aussi désagréable soit-il, le dossier UIS n'est rien à côté de ce qui attend Margarita avec le groupe. Depuis qu'elle en a connaissance, la perspective des « puts » la terrifie. Pas tout à fait à tort. Les minoritaires peuvent la mettre en faillite virtuelle, s'ils exercent leur droit. Margarita n'est pas armée pour ouvrir ce nouveau front. Elle comprend qu'elle va devoir s'intéresser de plus près aux affaires de la maison Louis Dreyfus. Et se jeter à l'eau.

La vieille dame alsacienne

Dans l'avion qui la ramène à Zurich, Margarita fait des calculs dans sa tête. Plusieurs milliards... Lorsque Robert a racheté les parts de ses cousins en 2007, l'entreprise pesait 3 milliards d'euros tout au plus. Et entretemps, les télécoms ont été vendus... Comment la valeur du groupe a-t-elle pu s'envoler en si peu de temps ? Les chiffres lui font tourner la tête. Margarita ne sait pas encore qu'elle a de l'or entre les mains. L'empire sur lequel elle s'apprête à régner a commencé à se transformer sous l'impulsion de son mari quelques années plus tôt. Et comme ses rivaux, il a profité d'un cycle exceptionnellement propice dans les matières premières, qui explique en partie que son prix ait explosé.

Cette entreprise, Margarita ne la connaît pas vraiment. A la différence des membres de la famille, elle n'a pas grandi bercée par les légendes de l'aïeul Léopold. Et pour l'homme de la rue, les métiers du groupe restent très abstraits, à commencer par son cœur historique, le négoce de matières premières agricoles. Il s'agit d'un métier de pur intermédiaire, décentralisé à l'extrême et très peu régulé. Les dirigeants sont toujours dans l'avion et les équipes, disséminées un peu partout dans le monde, ne produisent presque rien. Elles achètent, stockent, transforment parfois, et revendent en faisant une petite marge. Ici, on parle grains, silos, quais, barges, usines, récoltes... Rien de très concret, comparé aux berlingots Dop de L'Oréal si souvent cités par Liliane Bettencourt.

Pour achever de troubler le profane s'ajoute le culte du secret, qui cimente les actionnaires de la maison depuis le XIXe siècle. L'entreprise a toujours veillé à divulguer le moins d'informations possible, même du temps de Robert, même à la famille. Très peu de chiffres, presque aucun papier dans la presse. Le caractère privé de la conduite des affaires est depuis toujours vu comme un atout. Une caractéristique assez largement partagée dans l'univers des marchands de grains et des négociants de matières premières en général, où la discrétion est souvent proportionnelle à la puissance. Les principaux concurrents de Louis Dreyfus, qui s'appellent Bunge, ADM ou Cargill, sont du reste tout aussi méconnus.

Pourtant, sans qu'ils s'en doutent, Louis Dreyfus est au cœur de l'assiette des consommateurs. Comme elle le résume efficacement sur son site Internet, l'entreprise « nourrit le monde depuis 1851 ». LD Commodities, sa filiale dédiée aux matières premières agricoles, traite plus de 70 millions de tonnes de denrées par an, soit 10 kilos par habitant, et jouit d'une position de premier plan dans le commerce de plusieurs produits de première nécessité : le coton, le riz, le sucre, le jus d'orange, le blé, le maïs, le café et les oléagineux. Ce qui signifie qu'elle a une incidence sur les prix par la simple part des volumes qu'elle capte, quoiqu'elle se défende d'en abuser. Dans le coton par exemple, l'entreprise a une part de marché qui dépasse un quart des échanges internationaux. Une position quasi dominante qu'elle doit à Joe Nicosia, un trader basé à Memphis. Ce redoutable financier au visage rond et souriant agace prodigieusement ses concurrents. Il connaît le marché du coton mieux que personne, et est généralement informé avant les autres. La clé pour gagner de l'argent. Savoir ce qui se passe avant tout le monde permet aussi de prendre des positions pour son propre compte, et pas seulement pour ses clients. Un exercice très rentable, encore non réglementé chez les négociants, alors qu'il est déjà quasiment interdit dans les banques.

Pour s'assurer des meilleurs prix, l'entreprise doit être présente au plus près des grands sites de production, en Amérique, en Asie, au Moyen-Orient et en Afrique. Elle négocie des accords avec les agriculteurs en amont, les finance, puis se charge de la transformation et de l'acheminement des récoltes, et enfin de leur livraison. Toute la chaîne d'infrastructure – silos, usines, quais, bateaux, entrepôts – est donc stratégique.

Le groupe doit aussi gérer des risques car il porte des stocks de denrées très importants. Il se couvre contre les variations de prix en allant sur les marchés à terme, notamment à la Bourse de commerce de Chicago, la plus ancienne du monde. Le principe est simple : entre le moment où le grain est semé, et celui où la récolte est vendue, plusieurs mois s'écoulent, au cours desquelles les prix des denrées varient parfois brutalement. L'agriculteur ou le négociant, qui cherche à garantir le prix de vente de sa récolte, va trouver, sur le marché à terme, un investisseur prêt à parier sur l'évolution du prix du grain. S'il monte, ce dernier achètera la récolte au prix convenu, et pourra la revendre plus cher. De son côté, le récoltant renonce à une plus-value éventuelle, mais se protège aussi contre l'hypothèse d'une baisse des prix. Les marchés à terme, sur lesquels se traitent aujourd'hui quantité de produits financiers complexes, existent depuis plusieurs siècles, mais ont été inventés précisément pour permettre aux agriculteurs de se protéger contre l'instabilité des prix des denrées agricoles.

Une véritable multinationale

Si elle a gardé son caractère familial depuis sa création, la maison Louis Dreyfus est en réalité une véritable multinationale, digne des plus grands groupes du CAC 40. Lorsque Margarita se trouve projetée dans l'univers Louis Dreyfus fin 2009, l'entreprise emploie plus de 35 000 salariés dans le monde, et a des bureaux dans 55 pays. Les restructurations mises en place par Robert Louis-Dreyfus commencent à produire leurs effets et l'entreprise surfe à plein sur le cycle haussier des matières premières. Elle dégage déjà près d'un milliard de dollars de profit par an, pour un chiffre d'affaires proche des 50 milliards, ce qui la situe, en France cette année-là, entre Saint-Gobain et BNP Paribas. De gros revenus, qui deviennent en bout de course de petits profits, c'est le modèle économique du négoce.

L'entreprise doit aussi veiller à bien rémunérer l'un de ses principaux actifs : les hommes. Le négoce, ce sont avant tout des traders, en Argentine, à Genève, aux Etats-Unis, à Hong Kong, qui arbitrent en permanence entre les différents sites de production, gèrent les risques et prennent des positions en propre. Pour une rémunération digne des plus prestigieux métiers de la finance, voire supérieure. Selon l'agence britannique Reuters, la part des profits distribuée en rémunérations par les négociants en matières premières peut être deux fois plus importante que dans les banques à Wall Street. Mais la culture est la même, qu'il s'agisse d'actions, d'obligations ou de denrées agricoles. C'est celle de traders, et non de producteurs. Ce qui induit des comportements de financiers : une usine pourra être fermée si elle ne dégage pas assez de profits, même si elle produit beaucoup. Comme le résume un bon connaisseur de la maison, « le groupe est un gros hedge fund ».

A côté des matières premières agricoles, d'autres métiers se sont développés au fil des années, comme l'immobilier, et le négoce en produits énergétiques, une branche lancée par Gérard Louis-Dreyfus dans les années 1990. Celle-ci génère alors plusieurs milliards de dollars de revenus par an, portée par la flambée du prix du pétrole. Mais au milieu des années 2000, le groupe manque de moyens pour la développer. Il décide de s'allier avec un fonds américain, à qui il revend près de la moitié des parts de l'activité.

Malgré ces performances, le groupe n'est plus le champion de sa catégorie depuis longtemps. Privilégiant l'indépendance et la marge plutôt que les volumes, il a choisi de rester petit et n'a pas investi. Mais avec le temps, sa taille est devenue un handicap. La société continue de payer le prix d'erreurs anciennes, remontant à la seconde moitié du XXe siècle. Quand ses principaux concurrents achetaient des usines de transformation afin d'être plus intégrés, devenant ainsi de vrais groupes industriels présents depuis la récolte jusqu'au consommateur final, Louis Dreyfus, lui, préférait rester un pur négociant sous prétexte qu'il ne fallait pas concurrencer ses clients.

Résultat, à l'orée des années 2000, le groupe, sans être déclassé, n'est plus que quatrième du peloton de tête baptisé « ABCD » par les spécialistes (pour ADM, Bunge, Cargill et Dreyfus), qui a longtemps dominé le marché. Devant lui, l'américain Cargill reste le géant incontesté du secteur. Les résultats de cette société, familiale comme Louis Dreyfus, font tourner la tête : un chiffre d'affaires dépassant les 100 milliards de dollars, et des profits de plus de 3 milliards de dollars. Il y a aussi ADM, autre américain, basé dans l'Illinois, qui fait à peu près deux fois la taille du groupe Louis Dreyfus. Et enfin le néerlandais Bunge, de taille comparable, avec lequel Louis Dreyfus a une certaine proximité institutionnelle. Alberto Weisser, le PDG, sera d'ailleurs présent aux funérailles de Robert.

Mais, à côté de ces concurrents historiques, une nouvelle génération de marchands de grains asiatiques a émergé dans les années 1990, dont la montée en puissance menace les positions des rois historiques du négoce. Il s'agit du trio « NOW », pour Noble, Olam et Wilmar. Ces trois groupes cotés à Singapour dégagent des profits comparables à ceux des acteurs occidentaux, et se développent très rapidement.

Pour faire face, Louis Dreyfus doit grossir, plus vite et plus fort qu'il ne l'a fait jusque-là, c'est-à-dire investir. Acheter des usines de transformation pour faire plus de volume. Seule la taille permet de tenir une position, c'est la clé de la rentabilité. Louis Dreyfus n'a plus le choix. C'est le constat dressé par Robert lorsque celui-ci prend les rênes du groupe fin 2004.

L'héritage de Robert

« La valeur du groupe aujourd'hui est en partie le fruit du cycle des matières premières, mais en partie aussi celui de la gestion de Robert, estime Serge Schoen, actuel directeur général du groupe. Quand la croissance du marché a doublé, LD Commodities a doublé en taille, et décuplé ses résultats. » A partir de 2005, l'homme d'affaires bouscule véritablement l'empire fondé par son arrière-grand-père. Même s'il ne connaît pas grand-chose aux matières premières agricoles, il transforme le groupe en profondeur, et révèle son incroyable potentiel de croissance. Les dirigeants actuels désignent encore cette période comme « la révolution ». Comme si, en 2005, les compteurs avaient été remis à zéro.

D'abord, l'organisation est remise à plat. Robert donne plus d'autonomie aux différents métiers, qu'il a isolés et logés dans une structure en râteau, sous un seul holding de tête, celui de la famille. Les télécoms, l'énergie, l'immobilier, les bateaux doivent ainsi bénéficier de plus d'indépendance. Le rôle de l'actionnaire évolue aussi, pour ressembler davantage à celui d'un investisseur, libre de faire évoluer chacune de ses participations sans qu'elles soient imbriquées les unes dans les autres. A terme, il imagine même faire de la structure de tête Kurosawa un holding d'investissement familial, comme l'ont fait les Wendel, dont le métier consiste à acheter et revendre des activités.

Surtout, l'héritier a pressenti très tôt le potentiel de l'activité historique du négoce, quelque peu délaissée par son prédécesseur. Il pense que la renaissance du groupe viendra de ses racines. Un an a près son arrivée, il crée donc LD Commodities, qui rassemble sous un même toit toutes les plates-formes de négoce, jusque-là éclatées en différentes baronnies et géographies. Et en confie la direction à Serge Schoen, un transfuge de l'activité télécom qu'il a fait venir avec lui, et qui a fait un audit poussé de l'état de santé du groupe.

Convaincu qu'un employé dont les intérêts sont alignés avec ceux de l'actionnaire est toujours plus performant, Robert procède comme il l'a toujours fait : en partageant le gâteau. Près de 20 % du capital de LD Commodities est distribué aux traders, dont la fidélité est l'un des ingrédients du succès de l'entreprise. Leur façon de travailler change ainsi du tout au tout. On leur donne une ligne de crédit, un peu de capital, et un objectif de rentabilité à atteindre. Ils gèrent eux-mêmes leur compte de résultat, et sont intéressés directement aux performances qu'ils réalisent.

Enfin, Robert veut rattraper le retard pris sur ses concurrents. Il est persuadé que l'entreprise ne peut rester un simple négociant, et qu'elle doit aussi être un opérateur industriel, présent sur toute la chaîne logistique. « Le dogme historique chez Louis Dreyfus était de faire des contrats avec de la marge plutôt que du volume, se souvient un ancien dirigeant. Mais aujourd'hui, il est devenu impossible de vendre à un autre prix que le prix de marché. Il faut donc être gros. Robert a dû expliquer ça aux équipes, c'était tout à fait nouveau. »

Pour être gros, il faut investir. Robert engage le groupe dans un vaste programme d'investissement, au rythme d'un milliard de dollars par an. Du jamais vu. Objectif : faire du volume. Le groupe achète des usines de transformation et de raffinage en Argentine, aux Etats-Unis, en Chine et au Brésil. Certaines sont de véritables monstres, grosses comme un quartier de Paris. Elles coûtent 200 à 300 millions de dollars, et tournent vingt-quatre heures sur vingt-quatre, sept jours sur sept. Devant l'usine, une file de cinq kilomètres de camions attendent de vider leur marchandise avant de repartir faire le plein. De l'autre côté, les denrées transformées sont chargées sur des bateaux qui partent vers la Chine. « A partir de 2005, on ne se contente plus d'acheter et vendre, on s'occupe de toute la chaîne logistique, explique Serge Schoen. Les deux métiers s'enrichissent l'un l'autre. On défend mieux ses positions quand on est opérateur industriel ».

Robert veut aussi que le groupe fasse quelques économies. Ce spécialiste des restructurations a demandé à ne pas être rémunéré pour ses fonctions de président, et décide de supprimer l'un des deux sièges qui subsistaient à Paris et à New York pour éviter les doublons. Il en profite pour délocaliser le siège social aux Pays-Bas, où la fiscalité est plus avantageuse, rompant ainsi avec cent cinquante ans d'histoire et de patriotisme dans l'Hexagone. Les traders, eux, sont envoyés en Suisse, où se trouvait déjà une grande partie des équipes. Quand Margarita entre en scène, la maison n'a déjà quasiment plus de lien avec la France. Ni ses équipes ni son siège, ni même ses dirigeants. Quant à ses actionnaires, seuls deux d'entre eux, minoritaires, vivent encore en France.

Le grand ménage opéré par Robert ne tarde pas à payer. En quatre ans, les revenus de Louis Dreyfus doublent, et les résultats sont multipliés par six. « LD » surfe aussi allègrement sur la hausse des prix des matières premières, qui s'est amorcée au début des années 2000. Portés par les perspectives d'augmentation de la population mondiale, qui doit atteindre 9 milliards d'individus en 2050, et surtout, par la demande croissante des pays émergents, les indices des prix des principales matières premières agricoles ont crû de près de 40 % sur la période. Encore une fois, le pari de Robert a été le bon.

Trouver de l'argent

Lorsqu'elle se rend à Vaduz pour siéger pour la première fois dans Akira, Margarita n'imagine pas l'ampleur des changements que le groupe vient de connaître, et encore moins ceux auxquels il se prépare. Les sommes évoquées lui paraissent colossales, et totalement abstraites. L'idée que la valeur du groupe ait pu doubler, voire tripler en deux ans semble inconcevable, même si elle est rationnellement explicable.

Son problème à elle, c'est que l'inflation du prix de l'entreprise fait planer une redoutable incertitude sur sa tête et celle de ses enfants. Ce qui n'était qu'une disposition classique, visant à protéger les minoritaires, devient pour elle une source d'inquiétude permanente. Elle va devoir trouver de l'argent pour être en mesure de payer les parts de sa belle-famille, s'ils le lui demandent. Et vite : les premières échéances tombent dès l'été 2012. Elle songe à réduire son train de vie. Peut-être faudrait-il vendre un de ses deux avions, ou bien carrément la maison de Caslano ? Les subsides seraient certes insuffisants compte tenu des sommes en jeu, mais elle pense alors devoir faire des sacrifices.

Avant tout, il faut s'informer. Margarita organise un déjeuner avec le premier cercle des conseillers de Robert, chez Dessirier, place du Maréchal-Juin, dans le XVIIe arrondissement de Paris. Le choix du lieu n'a rien d'anodin : cette brasserie feutrée aux couleurs gris et taupe était l'une des tables favorites de l'homme d'affaires. Chacun des présents conserve le souvenir d'un moment passé avec lui dans ce restaurant qui attire les amateurs de poissons et de fruits de mer. Ce jour-là, il y a Jacques Veyrat bien sûr, ainsi que Vincent Labrune. Et Xavier Boucobza, qui a accepté d'aider sa veuve sur certains aspects juridiques, notamment relatifs à l'OM.

Margarita veut qu'on lui expose clairement sa situation, ses engagements, les risques auxquels elle fait face. Elle pose des questions, veut comprendre. Jacques Veyrat lui explique qu'il a pris les devants et a déjà réfléchi à différentes hypothèses pour le groupe. La conviction du dirigeant est que la meilleure solution serait de faire entrer un investisseur dans la filiale de négoce LD Commodities, dans laquelle il injecterait de l'argent. Ensuite, dans un deuxième temps, une introduction en Bourse du groupe ou de la filiale pourrait être envisagée. Elle donnerait au groupe les moyens de se développer et de racheter les minoritaires.

En réalité, le scénario de l'introduction en Bourse est sur la table depuis longtemps. Du vivant de Robert, déjà, il avait été évoqué à maintes reprises, mais ce dernier s'y était toujours opposé. Une cotation, ce sont des investisseurs qui demandent des comptes tous les trois mois, qui n'ont pas toujours la patience d'attendre qu'un investissement soit rentable, et qui exigent surtout de la transparence. Incompatible avec la culture de la maison. Et puis le métier du négoce est éminemment spéculatif. Trop de volatilité, trop de risques. Erik Maris, le banquier de Lazard qui avait travaillé sur le sujet pour Robert, partageait ses réserves, et les avait rappelées plusieurs fois.

Pour Jacques Veyrat en revanche, cette issue semble inéluctable. Le groupe a besoin d'argent pour continuer à grossir. C'est la priorité. Les « puts » ne sont pas, à ses yeux, un sujet d'inquiétude. Ses relations avec la belle-famille de Margarita sont bonnes. Il sera toujours possible de trouver une solution à l'amiable pour acheter les parts des sœurs et cousins de Robert. Par contre, la croissance de l'entreprise est exceptionnelle, et il faut en profiter. Louis

Dreyfus investit un milliard par an, mais pourrait aisément doubler ou tripler cette enveloppe. Pour cela, il faut un apport de capitaux extérieurs. Le dirigeant rechigne à faire appel aux banques, qui sont alors empêtrées dans les effets de la crise du « subprime » et demandent des intérêts hallucinants. Certaines lui ont même donné des sueurs froides en menaçant de couper leurs lignes de crédit fin 2008, après la faillite de la banque Lehman Brothers. Or le groupe, qui, par la nature même de son activité, vit à découvert pour financer des stocks de denrées agricoles, a besoin d'avoir d'importantes lignes de trésorerie.

La mise en Bourse présente aussi l'avantage de la souplesse : différentes filiales du groupe peuvent être cotées, la filiale du Brésil par exemple, qui produit du sucre et de l'éthanol. Ou bien LD Commodities dans son ensemble. Malgré la crise, l'appétit des investisseurs pour les matières premières agricoles reste très soutenu. D'ailleurs, en cette fin d'année 2009, Wilmar, l'un des concurrents asiatiques de Louis Dreyfus, déjà coté à Singapour, envisage une seconde cotation à Hong Kong. Les chiffres qui circulent pour la valeur de l'ensemble du groupe atteignent des sommets, approchant les 30 milliards de dollars, pour un groupe quasiment inconnu cinq ans plus tôt. De quoi faire rêver... En allant en Bourse, Louis Dreyfus peut lui aussi espérer atteindre un prix très élevé. Les retours des banquiers qui ont travaillé secrètement sur le projet sont bons. L'entreprise peut espérer se valoriser quelques huit milliards de dollars au bas mot, peut-être plus ? Pourquoi ne pas profiter de cette fenêtre exceptionnelle ?

Ce scénario a d'autres atouts non négligeables : il permet de donner de la liquidité aux traders, qui possèdent 20 % du capital de l'activité négoce. Ils pourraient vendre à très bon prix leurs actions dans le cadre d'une mise en Bourse. Et, Jacques Veyrat le sait mieux que personne, les traders sont des mercenaires qui cherchent en permanence le rapport de force, surtout dans une période d'euphorie. La cotation peut être un moyen puissant de les fidéliser.

Il est tellement convaincu de la pertinence de ce projet qu'il a même commencé à réfléchir à l'entrée d'un investisseur, première étape avant la cotation. Des noms de fonds souverains sont déjà évoqués de façon informelle, comme le chinois CIC, ou encore Temasek, le richissime fonds de l'Etat de Singapour qui gère une centaine de milliards de dollars. Faire appel à ce type d'acteur paraît tout naturel. Les familles et les fonds souverains font généralement bon ménage : les deux sont des investisseurs de long terme qui aiment la discrétion.

D'autres scénarios, plus ou moins sérieux, sont évoqués en parallèle. Notamment celui d'une fusion entre égaux avec son concurrent Bunge, option déjà envisagée du vivant de Robert. Un rapprochement avait même failli voir le jour un peu avant sa mort. Plusieurs séances de travail avaient eu lieu à New York entre les états-majors des deux négociants, qui avaient même convenu de baptiser le futur groupe « LD Bunge », avaient décidé de la répartition des postes au conseil, et de la gouvernance. Mais dans la dernière ligne droite, les discussions avaient achoppé.

Une veuve silencieuse

La belle-famille de Margarita, emballée par le projet, est prête à suivre Jacques Veyrat comme un seul homme. Les Louis-Dreyfus ont en lui une confiance aveugle depuis le tour de force de la cession de Neuf Cegetel. Tous ou presque adhèrent à cette opération porteuse de gains futurs très élevés. Et puis, quelle revanche sur l'opération de 2007 et son prix indigne encore dans toutes les mémoires ! Jacques Veyrat, qui les tutoie tous, ne manque pas de le leur rappeler quand il en a l'occasion.

Au cours des deux années précédentes, il s'est beaucoup rapproché de Monique, la sœur aînée de Robert, qui est l'un de ses soutiens inconditionnels. Philippe Louis-Dreyfus, son cousin, un peu plus en retrait, a aussi beaucoup d'affection pour le jeune dirigeant. Jacques Veyrat a débuté sa carrière chez Louis Dreyfus Armateurs, la partie maritime qu'il a rachetée en 2007. Sa présence dans le groupe les rassure tous. « Jacques Veyrat a été élevé avec la famille, il a développé sa relation avec elle pendant des années avant d'être adoubé », explique un proche du groupe. Aux yeux de la famille, la veuve de Robert n'a pas réellement d'existence institutionnelle. Sa présence dans l'organigramme est tout juste tolérée. L'héritage, c'est Jacques Veyrat qui l'incarne. Son projet est donc le bon.

Margarita, elle, est un peu perdue. Elle n'a aucune culture financière, ni économique. Elle est noyée subitement sous une masse d'informations sur lesquelles elle doit avoir un avis. Or elle ne comprend ni les risques ni les avantages de l'opération qu'on lui soumet. Les sommes en jeu sont telles qu'elles n'ont pas de réalité. Du coup, elle ne dit rien et se contente d'écouter, le plus souvent avec son chien sur les genoux. Elle semble si effacée que pendant un temps son silence est plutôt compris comme une approbation, tant par les dirigeants de l'entreprise que par la famille. Elle paraît suivre le sens du vent.

En réalité, les projets du groupe, le financement de sa croissance, les alliances... cela ne l'intéresse pas vraiment, à ce stade. Pour elle, l'urgence est ailleurs. Sa préoccupation principale, sa priorité, ce sont les engagements pris par son mari. Sa peur de ne pouvoir y faire face est réelle. Elle se voit ruinée, seule avec ses trois enfants. En face, très sûr de lui, Jacques Veyrat se veut rassurant. Il lui explique qu'il a la main haute sur ce sujet, et se fait fort de le régler en temps voulu, avec un peu de doigté. Elle n'a pas de raison de s'inquiéter. Au contraire, il lui rappelle la bonne affaire que son mari a faite deux ans plus tôt, et dont elle profite aujourd'hui : grâce au fameux

« LBO », ses enfants ont hérité pour un prix dérisoire d'un empire en pleine croissance !

Grosse erreur. En prenant à la légère l'angoisse de Margarita, Jacques Veyrat commet son premier faux pas. La veuve de Robert ne supporte pas qu'on minimise les risques auxquels elle fait face, même si c'est pour la rassurer. Elle a alors le sentiment d'être manipulée. Jacques Veyrat semble un peu trop sûr de lui. Un peu suspect, même.

En réalité, comme beaucoup d'autres, il la sous-estime. Il n'imagine pas la capacité de travail, la détermination, et le désir de vaincre qui animent cette guerrière au visage lisse et blanc. Certains, pourtant, doutent de son personnage. « Elle n'est pas ce qu'elle prétend être », murmure un des présents lors de la première réunion de la fondation. Malgré son ignorance revendiquée, qu'elle brandit comme un bouclier, elle semble savoir déjà parfaitement où elle veut aller. Un jour, lors d'un conseil, est évoquée l'idée de confier la présidence du groupe à Monique. Très écoutée, la sœur aînée de Robert est en quelque sorte le chef de famille. Elle incarne l'histoire, le lien du sang, et a toujours suivi les affaires de la maison Louis Dreyfus, bien qu'elle n'y ait jamais travaillé. Pour ne rien gâcher, elle s'entend bien avec Jacques Veyrat, qui occupe le poste de président, et qui est prêt à se contenter d'un titre de directeur général. Lui confier la présidence pourrait faire sens, à certains égards. Margarita ne dit rien. Ou presque. « On en reparlera. » Le sujet ne sera plus jamais évoqué.

LA GUERRE DE TRANCHÉES

Ignorante ? Plus pour longtemps. Margarita a été l'infirmière meilleure que les médecins, elle pourra être l'héritière plus maligne que les hommes d'affaires. Il n'y a aucune raison qu'elle ne réussisse pas dans ce qu'elle appelle désormais « le business ». De toute façon, elle n'a pas le choix, il faut qu'elle apprenne, et vite. Le temps presse. Ces maudites options qui lui font si peur sont exerçables à partir de 2012, c'est-à-dire demain.

« Où vas-tu ? demande-t-elle un matin à Jacques Veyrat qui s'apprête à partir en voyage.

— Je vais à Londres, puis à Singapour.

— Je viens avec toi.

— Si tu veux. »

A partir de l'automne, Margarita est de tous les voyages, de toutes les réunions, et de tous les conseils. Elle assiste aux séances de travail avec les équipes et les banquiers, rencontre les principaux traders, participe aux séminaires. Elle veut apprendre. Elle s'assoit au fond de la salle, son petit chien sur les genoux. Sans carnet de notes, sans stylo, elle écoute. Elle ne comprend pas grand-chose à ce qu'elle entend, mais ne le montre pas. Parler, c'est prendre le risque de perdre en crédibilité, alors elle se tait. Surtout, elle passe des heures avec Jacques Veyrat, à lui poser des questions dont il ne comprend parfois même pas la formulation. Cela l'agace, il s'énerve. « Elle ne comprend rien, ça me rend fou ! » confie-t-il à un proche.

Jacques Veyrat se lasse vite d'avoir la propriétaire sur le dos. Cela fait presque deux ans qu'il n'a plus de patron, depuis la maladie de Robert. Il avait pris l'habitude de faire un point mensuel avec lui, c'était tout. Il raisonne comme un entrepreneur depuis toujours. Il veut avoir les mains libres, dans la vie quotidienne comme dans l'entreprise, et pouvoir gérer les affaires comme si c'étaient les siennes. Et le voilà contraint de passer son temps à former sa veuve qui a le niveau académique d'un collégien, et qui est complètement polarisée sur les « puts » ! D'autant que Margarita, qui n'a pas d'assistante, a une fâcheuse tendance à le prendre pour son secrétaire personnel. Elle n'a jamais eu non plus de cuisinier, de gardien ou de femme de chambre. Tout juste une femme de ménage, une fois dans la semaine, et un jardinier de temps en temps. Elle a toujours tout fait elle-même, pourquoi changer ? Mais cette organisation sied mal à ses nouvelles fonctions. Elle perd parfois des documents, demande qu'on les lui renvoie. Si elle n'a pas de voiture pour l'attendre à la descente de l'avion, il arrive qu'elle appelle Veyrat. Ce qui irrite prodigieusement ce dernier.

Comme pendant la maladie de Robert, Margarita mobilise toute son énergie à se former. Elle ne lésine pas, elle y passe ses jours et ses nuits. « C'est la personne la plus déterminée que je connaisse, admet un grand banquier qui l'a côtoyée à l'époque. Elle a une puissance de travail, une opiniâtreté et une capacité à apprendre et à comprendre qui m'ont étonné et surpris. Pendant quelques mois, elle n'a pensé qu'à cela, à envoyer des mails, à consulter des tonnes de gens, lire des piles de dossiers, à les annoter, les faire évoluer, les commenter... C'est un véritable char d'assaut ! »

Son manque d'expérience la conduit aussi à voir des sujets d'inquiétude partout. Alors, par sécurité, elle multiple les avis. A sa demande, de prestigieux cabinets livrent leur analyse sur la situation de l'entreprise, ou toutes sortes de sujets : les avocats de Baker & McKenzie, et de Bredin Prat en France, mais aussi les consultants de l'américain McKinsey, et du spécialiste du recrutement Egon Zehnder travaillent à sa demande. Uniquement des grands noms du capitalisme anglo-saxon, ou hexagonal, dont la crédibilité la rassure, même si aucun n'a réellement d'influence sur elle.

Pour l'épauler, elle s'est également entourée au fil du temps de quelques intimes triés sur le volet qui lui ont juré fidélité. Des conseillers pour la plupart inconnus, d'horizons divers, pas tous des proches historiques de son mari, mais en qui elle a confiance. Pour affronter la complexité de l'entreprise, elle veut des gens comme elle : simples, loyaux, fidèles et de bon sens. Pas nécessairement des experts, mais des « amis » comme elle le dit. Une garde rapprochée qui fait sourire dans le microcosme des affaires à Paris, où personne ne la prend au sérieux.

Il y a, bien sûr, Vincent Labrune, sur qui elle se repose pour tout ce qui concerne l'OM. Mais surtout Igor Levin, un petit homme rond et jovial, qu'elle consulte sur à peu près tout. Cet avocat américain d'origine russe a travaillé épisodiquement pour Robert par le passé. Son allure un peu décalée surprend parfois ses interlocuteurs habitués aux très chic avocats d'affaires parisiens. Ceux-là le regardent d'ailleurs de haut, car il travaille en solitaire, même s'il a fait ses classes chez Dewey Ballantine, un très respectable établissement new-yorkais. Surtout, son caractère procédurier et entêté agace prodigieusement ses confrères. « Il est là pour créer des problèmes non-stop. Il raconte n'importe quoi juridiquement, mais il va toujours dans le sens de Margarita », persifle un de ses concurrents. Et comme toujours, ses origines russes alimentent le fantasme.

La rapidité avec laquelle il est entré dans le premier cercle de ses conseillers reste une énigme. L'avocat venait parfois à Zurich du vivant de Robert, mais Margarita le connaissait à peine, et ne savait même pas qu'il était russe. Pourtant, dès l'été 2009, il est là, avec elle, quel que soit le sujet. Il assiste à toutes les réunions, l'épaule dans l'affaire du fonds UIS, travaille sur les contrats, la fondation, écrit toutes les lettres... « Igor est un type débrouillard capable d'évoluer dans toutes les situations, dit un des conseils de Margarita. Il n'est peut-être pas le juriste le plus pointu de la place, mais elle a confiance en lui, et c'est comme ça qu'elle fonctionne. Quand il faut être technique, il y a d'autres avocats. »

Comme tous les avocats, Igor Levin flatte un peu sa paranoïa, en rajoute même, en pointant les dangers qu'elle n'aurait pas identifiés. Surtout, il lui consacre l'essentiel de son temps, au point qu'on ne lui connaît pas d'autre client. Des témoins l'ont même vu sortir son chien en réunion. Il lui voue une admiration sans bornes. Quant à elle, elle apprécie sa fidélité. « Robert m'a toujours dit que la loyauté ne s'achetait pas, dit-elle. Le conseil, par contre, on peut toujours le payer. » Margarita est clanique, elle a besoin que son entourage lui montre que c'est elle, la propriétaire, et qu'il lui soit entièrement dévoué. C'est pour elle le signe de l'allégeance. Elle est capable d'envoyer des dizaines de mails ou de sms écrits dans des langues différentes, plusieurs fois dans la journée, parfois même la nuit, et peut appeler cinq fois de suite pour obtenir une réponse immédiate à la question qu'elle se pose. « Elle a le syndrome Louis XIV, il faut tout le temps la rassurer pour avoir la paix », siffle un de ses ennemis.

En contrepartie, elle considère que ceux qui travaillent pour elle font un peu partie de sa famille.

Elle leur témoigne sa reconnaissance en les gâtant, ou en les invitant à son anniversaire. Certains se souviennent d'avoir vu Igor Levin chanter *La Vie en rose* sur scène lors d'une soirée karaoké organisée à Ibiza pour l'anniversaire de Margarita.

En cette fin 2009, toutefois, ceux qui voient en elle autre chose qu'une blonde ignorante et sans statut sont peu nombreux. Elle a bien du mal à faire entendre sa voix en dehors de son cercle de conseillers. Peu après le décès de son époux, Margarita demande ainsi à Jean-François Prat, l'un des avocats de Robert, de lui faire parvenir les accords d'actionnaires. Le célèbre juriste, artisan des grandes OPA des années 1990 dans l'Hexagone, de TotalFinaElf à Sanofi Aventis en passant par BNP Paribas, connaît le dispositif sur le bout des doigts. C'est lui qui a travaillé sur l'opération en 2007. Il a même occupé un siège au conseil de surveillance du groupe pendant un temps. Pourtant, il refuse tout net de les lui envoyer. « Il considérait que ces accords avaient été conçus et signés pour et par Robert, et ne concernaient pas sa femme », explique un de ses proches.

A Paris, personne ne connaît Margarita Louis-Dreyfus. Elle a une allure peu commune et parle mal français. Elle est presque inexistante dans le groupe. Les statuts sont formels : elle n'a aucun droit particulier concernant l'entreprise en tant qu'épouse, et n'est que l'un des trois trustees de la fondation. Le successeur aux yeux de tous, c'est Jacques Veyrat, tandis que les héritiers sont les enfants. Margarita n'est rien. Les informations qu'elle demande, elle les obtient au compte-gouttes. En fin d'année, enfin, à force d'insistance, elle dispose des accords : plusieurs épaisses liasses blanches, très techniques et détaillées. Pas franchement à la portée du commun des mortels.

Margarita ne se laisse pas abattre. Elle lit les accords, les relit encore, plusieurs fois par jour, tant et si bien qu'elle finit par en connaître certaines parties par cœur. Le document confirme ce qu'elle craignait : c'est effectivement sur Akira que repose le financement des options. Autrement dit, sur elle et ses enfants. Ce qu'elle redoutait le plus. En revanche, elle a la possibilité de modifier certaines dispositions et d'alléger ainsi le risque qui pèse sur elle. Notamment de faire financer les « puts » par la société Louis Dreyfus, plutôt que par Akira, comme Robert le lui avait dit. Un détail qui change tout. Une remontée de cash exceptionnelle de l'entreprise permettrait alors de payer les parts des minoritaires. Pour cela, il suffit d'un vote de la fondation Akira, et de la famille. Simple formalité.

Quand elle met le sujet sur la table, les minoritaires, comme toujours, sont divisés. Certains sont favorables à un transfert des options sur la société. D'autres estiment qu'il s'agit d'un engagement personnel de Robert, dont sa veuve a hérité et qu'elle doit honorer. Pour eux, elle n'est pas fondée à demander quoi que ce soit. C'est notamment le cas de Monique, la sœur aînée de Robert.

Au milieu, Jacques Veyrat n'est pas d'un grand secours. C'est toute l'ambiguïté de sa position : il doit à la fois défendre l'actionnaire majoritaire en tant que trustee dans Akira, mais aussi tous les autres en tant que dirigeant du groupe. Ce qui pose problème quand les intérêts divergent. Il ne prend donc pas parti.

Margarita tente alors de faire les choses de façon plus juridique. Début 2010, son avocat Urs Schenker, un Suisse allemand du cabinet Baker & McKenzie à Zurich, envoie une lettre aux quatre actionnaires minoritaires. Margarita veut modifier le calendrier des options et les dispositions de financement, mais la démarche est jugée un peu formelle.

« Ce n'est pas comme ça qu'il faut faire, lui explique Jacques Veyrat. Il ne faut pas envoyer des lettres d'avocats. On se réunit et on en discute entre nous.

— Tu crois ? Tu penses que tu peux obtenir un report des puts en les réunissant ?

— Oui, bien sûr. »

Plusieurs réunions sont alors calées entre le dirigeant et les minoritaires en haut des Champs-Elysées, dans les bureaux du cabinet Shearman & Sterling, dont l'associé Cyrille Niedzielski représente Monique depuis des années. Margarita n'est pas conviée. Elle s'impatiente.

« Alors ? Tu as obtenu leur accord ? demande-t-elle à Jacques Veyrat à l'issue d'une des réunions.

— Non, pas en séance, mais c'est en bonne voie. Il y a une dernière réunion prévue.

— Je ne peux pas attendre, je veux venir à cette réunion. »

Nouvelle tentative. Comme prévu, tous les minoritaires sont là, chacun avec son avocat. Jacques Veyrat, qui joue alternativement le rôle de dirigeant, conseiller, et modérateur, est présent. Margarita est là elle aussi, avec son lawyer, Urs Schenker. Ce dernier prend la parole et s'adresse à la famille d'une façon un peu brutale. Son discours, qui sonne comme un rappel à l'ordre, passe très mal. Margarita, qui a gardé son manteau pendant toute la réunion, ne dit rien. Nouvel échec.

« Je ne comprends pas, tu m'avais dit que tu avais obtenu leur accord ! lâche-t-elle exaspérée à Veyrat en sortant.

— Je t'avais dit de ne pas venir à la réunion. Par ton attitude, tu les as poussés à prendre une position extrême. »

En réalité, sa belle-famille n'a pas particulièrement envie de faire de cadeau à celle qui est considérée comme une pièce rapportée. Les « puts » sont un moyen de pression sur elle. Margarita, en revanche, est désespérée. Elle a le sentiment d'être trahie par sa propre famille. « Avec Robert, ils n'auraient pas moufté ! » s'agace un de ses conseillers. L'épisode de 2007 a laissé des traces, et créé un fort sentiment d'injustice chez certains minoritaires. Elle comprend qu'elle n'obtiendra rien d'eux. Et rien non plus des deux protecteurs qui siègent avec elle dans Akira, et qui, en se taisant, ont choisi leur camp.

La situation s'envenime encore un peu plus quand certains membres de la famille la surprennent avec une proposition inattendue et lourde de sous-entendus : reprendre ses parts. L'état de panique de Margarita est tel qu'ils décident de la prendre au mot. Puisque celle qu'ils ont surnommée « la veuve joyeuse » est virtuellement ruinée, pourquoi ne pas offrir de la racheter ? Ainsi, elle serait dégagée des contraintes vis-à-vis des minoritaires, et pourrait profiter tranquillement de sa fortune sans avoir à se soucier d'une entreprise qu'elle n'a pas choisie. Elle qui dit sans cesse que le groupe « vaut zéro à cause des puts »...

Pour sa belle-famille, savoir l'entreprise à la merci d'une émigrée russe dont les origines ont toujours été un peu floues n'a rien de rassurant. Obnubilés par la pérennité du nom Louis Dreyfus, certains ont le rêve, plus ou moins avoué, d'en reprendre le contrôle un jour. Ils sont persuadés que Margarita travaille en sous-main pour des intérêts russes à qui elle va vendre l'entreprise. « Nous savons que tu as déjà un avocat, à Moscou, qui a tout préparé ! » lâche un jour l'un d'eux en référence à Igor Levin. Margarita est médusée. Près de vingt ans dans la famille pour en arriver là !

L'offre de reprise est formulée comme une boutade, mais l'idée est simple, et efficace. Puisqu'elle n'est pas dans les affaires, autant lui dégager un peu d'argent pour reprendre sa part et les « puts » qui vont avec ! L'opération est finançable, et un prix un peu arbitraire a été arrêté : un milliard d'euros. Fort peu compte tenu des chiffres évoqués à l'époque.

Jacques Veyrat, qui suit l'affaire de près, a regardé différents schémas de reprise. La fondation Akira ne peut statutairement pas céder ses titres avant 99 ans. Pour contourner cet obstacle, il faudrait vendre des morceaux de Louis Dreyfus plutôt que des actions du groupe lui-même. Vider l'entreprise de sa substance et en recréer une autre à côté, en somme. « Ça aurait pu marcher, reconnaît un proche de Margarita. Une grosse somme de cash mise à disposition, ça se regarde. Logiquement, elle aurait même dû sauter dessus. A ce moment-là, elle est loin du business, elle est actionnaire d'un truc pas liquide, incessible, elle touche 20 millions de dividende par an... »

Là encore, mauvais calcul. La proposition produit l'effet inverse. Non seulement Margarita ne vend pas, mais elle est furieuse. Cette fois, elle en est certaine, ils veulent sa peau, tous. Ils cherchent à la déshériter. Jamais elle ne sera prise au sérieux. Elle n'a pas oublié ce qu'a dit Jacques Veyrat un jour : « Pourquoi les enfants de Margarita auraient-ils plus le droit d'hériter que les miens ? »

Pas d'argent pour Courbit

Pendant cette période, où tout ce qui émane de Jacques Veyrat est suspect et où toute initiative est prétexte à recadrage, Margarita marque son territoire dès qu'elle en a l'occasion.

Peu avant le décès de Robert, Jacques Veyrat s'était engagé auprès de l'homme d'affaires Stéphane Courbit à faire entrer Louis Dreyfus dans son activité de jeux en ligne et de paris sportifs, Mangas Gaming, aux côtés de la société monégasque des Bains de Mer (SBM). Il a donné son accord pour apporter 30 millions d'euros, qui doivent financer en partie une nouvelle acquisition. Betclic, la principale société de Mangas Gaming, doit par la même occasion devenir l'un des sponsors de l'OM. L'opération est programmée depuis plusieurs mois.

Stéphane Courbit n'est pas encore empêtré dans les méandres de l'affaire Bettencourt[1]. Cet investissement ne doit pas poser de problème particulier. Jacques Veyrat et Stéphane Courbit se connaissent bien, ils ont investi à peu près en même temps dans le fournisseur d'électricité alternatif Direct Energie en 2007, à l'initiative du premier. L'idée sous-jacente est toujours la même : profiter de l'ouverture

1. Les héritiers de Liliane Bettencourt contestent les conditions dans lesquelles cette dernière a investi 143 millions d'euros en capital dans le holding de Stéphane Courbit en mai 2011.

à la concurrence de marchés régulés. Créer un opérateur, constituer un portefeuille de clients, puis le revendre à un concurrent plus gros. Les télécoms, l'énergie, puis les jeux d'argent sur Internet, le raisonnement est chaque fois similaire. Dans les télécoms, le calcul s'est révélé fort payant.

L'intérêt des médias et de la presse pour les jeux en ligne, secteur en ébullition, est alors considérable. Peu avant Noël, l'opération, qui est bien engagée, fuite dans la presse avec force détails. L'information, reprise partout, ne sera jamais officialisée. Quelques semaines après avoir été notifiée aux autorités européennes du contrôle de la concurrence, elle est abandonnée. Margarita a mis son veto. Officiellement, il lui est impossible d'être à la fois actionnaire de l'OM et d'un site de paris sportifs. L'argument est valable. De plus, certains proches de Robert affirment qu'il n'avait pas formellement donné son accord pour cet investissement et que Veyrat est passé en force. Mais en réalité, Margarita n'a plus aucune confiance dans le dirigeant. Elle a trouvé là l'occasion de rappeler une évidence : la taulière, c'est elle.

Temasek sur les rails

Alors que les actionnaires ferraillent sur d'autres fronts, les équipes de Louis Dreyfus ont commencé à travailler sur l'entrée d'un investisseur extérieur au capital. A l'automne, les discussions ont démarré avec Temasek, le fonds souverain de Singapour. Celui-ci est dirigé par une femme, dont l'apparence discrète contraste avec sa renommée. Ching Ho, élégante petite brune aux cheveux courts, proche de la soixantaine, est une Singapourienne d'origine chinoise. Elle est aussi l'épouse du Premier ministre de l'île. Inconnue en Europe, elle a néanmoins été classée troisième femme la plus influente du monde par le magazine américain *Fortune* en 2007. Et pour cause, la puissance de feu de Temasek est aussi impressionnante que l'Etat qui l'abrite est microscopique. Le fonds, créé lorsque la cité de Singapour a pris son indépendance en 1974, choisissant de placer sa richesse dans une structure dédiée, revendique plus de 150 milliards de dollars d'actifs gérés. Soit environ six fois plus que le fameux « fonds souverain à la française », créé en France en 2008 par Nicolas Sarkozy... Temasek s'offre le luxe d'afficher une rentabilité moyenne de 17 % depuis sa création, un taux à faire rêver n'importe quel banquier. Véritable institution de la finance, il a investi partout dans le monde, et dans tous les secteurs : banque, énergie, agriculture, industrie, services... On le trouve aussi bien dans des multinationales que dans des entreprises plus petites.

Pour Louis Dreyfus, Temasek a également d'autres atouts. C'est un actionnaire silencieux, qui ne demande généralement pas de siège au conseil d'administration des entreprises dans lesquelles il investit, et se contente de participations minoritaires. Surtout, il est neutre politiquement, ce qui est rare pour un fonds souverain. C'est l'alternative idéale aux fonds du Golfe, dont l'Occident aimerait parfois pouvoir se passer.

Mais en cette fin 2009, Ching Ho, réputée pour sa prudence légendaire, est fragilisée. Elle a fait, depuis deux ans, une série de mauvais choix. Elle a notamment conduit Temasek à investir massivement dans des banques occidentales au début de la crise, persuadée que celle-ci serait de courte durée. Ce qui a bien failli lui coûter sa place. Quand Jacques Veyrat demande à la rencontrer, elle vient de sauver sa tête de justesse : le candidat choisi pour la remplacer a fait défection.

Avec le dirigeant de Louis Dreyfus, les échanges sont cordiaux. L'intérêt est réciproque. Le fonds, pourtant diversifié, a peu investi dans les matières premières, alors en pleine croissance. Pour lui, cela fait sens d'entrer dans un groupe comme Louis Dreyfus. Madame Ho pose toutefois une condition : aucune discussion ne doit être engagée parallèlement avec des fonds chinois, autres pourvoyeurs d'argent souvent sollicités en pareille circonstance, mais grands rivaux des Singapouriens. Condition acceptée. Il se trouve que des contacts ont déjà eu lieu, et n'ont pas débouché.

Les parties veulent aller vite et, rapidement, les contours de l'opération se dessinent. Temasek pourrait prendre 10 à 12 % du capital de la pépite LD

Commodoties, pour partie en acquérant des actions nouvellement émises. Louis Dreyfus a évalué ses besoins en capital à 1,2 milliard de dollars. Quant à la cotation, elle pourrait se faire dans un deuxième temps, justement à Singapour, là où sont déjà cotés plusieurs concurrents. Temasek est prêt à s'engager à rester actionnaire pendant six ans. Cela laisse bien assez de temps pour envisager une mise en Bourse.

Le 12 décembre, l'opération est présentée puis votée par le conseil de surveillance de Louis Dreyfus Holding (LDH), la structure de tête de Louis Dreyfus dans laquelle siègent tous les actionnaires familiaux, anciennement nommée Kurosawa. Le conseil, qui a lieu normalement aux Pays-Bas, a dû se tenir par téléphone faute d'avoir pu réunir tous les participants. Le projet passe comme une lettre à la poste. Margarita ne dit rien. Dans la foulée, une lettre d'intention est signée avec Temasek, prévoyant une mise en route de l'opération en mars, l'année suivante.

Les équipes de Louis Dreyfus jubilent. Convaincre un grand investisseur respectable comme Temasek, ce n'est pas rien pour une société qui se valorisait si mal deux ans plus tôt. « L'analyse de Temasek nous a convaincu de la valeur de la société, confirme un dirigeant. A l'arrivée de Robert, en 2005, la société n'avait même pas de budget, tout était improvisé. Il y a eu un très gros travail entre les deux dates. La conclusion était donc intéressante... » Tous se prennent à rêver de la Bourse... et au pactole qu'ils pourraient toucher le jour J. Quelle consécration pour la maison alsacienne !

Un conseil des sages

Aucun pouvoir, pas de titre officiel, pas de crédibilité, aucune connaissance des affaires, des engagements à financer, le sentiment d'être toujours considérée comme une étrangère... Margarita se sent profondément isolée. Comment se sortir d'affaire avec aussi peu de cordes à son arc ? Elle a bien tenté de faire appel aux anciens associés de son mari pour leur demander conseil, mais plusieurs d'entre eux ont défendu Jacques Veyrat, l'incitant à lui faire confiance et à rester passive.

Début 2010, elle rentre à peine de vacances au soleil avec ses enfants quand elle reçoit un mail collectif intitulé « Meilleurs vœux ! ». L'expéditeur, elle le connaît vaguement. C'est Mehdi El Glaoui, un homme d'affaires d'origine marocaine. Son mari l'avait croisé chez IMS, puis l'avait envoyé à l'OM dans les années 2000. Il l'avait nommé président du conseil de surveillance du club, avant de le remplacer par Vincent Labrune fin 2007, sur fond de mésentente avec Pape Diouf. Elle a souvenir de l'avoir vu aux funérailles de Robert.

Margarita ne sait pas trop ce qu'il est devenu. Elle se souvient d'un homme plutôt gentil et avenant, avec une certaine expérience des affaires. Pharmacien de formation, Mehdi El Glaoui a travaillé dans plusieurs grands laboratoires en France, dont Wyeth, et a enseigné la santé publique à l'université de Liège. Ce quinquagénaire mondain, toujours élégant, arborant des chemises brodées à ses initiales, et propriétaire de la grande pharmacie du port à Saint-Tropez, est l'un des descendants de la famille des Glaoui, ces puissants pachas de Marrakech, prétendants malheureux au trône du Maroc à l'époque coloniale. On peut encore visiter l'un des palais de son aïeul, la kasbah de Telouet, aujourd'hui à l'abandon, entre Marrakech et Ouarzazate.

Né au Maroc mais élevé en France, Mehdi El Glaoui a des réseaux dans la bonne société parisienne et les milieux d'affaires, même s'il s'est expatrié. Il a sa fiche dans le *Who's Who*, est membre du très select golf de Morfontaine, et a sa table attitrée au restaurant parisien étoilé Le Carré des Feuillants. Depuis qu'il a quitté le laboratoire Wyeth, il s'est installé en Suisse où il gère plusieurs structures d'investissement spécialisées dans les approches biologiques innovantes.

Margarita décide de lui répondre. Elle ne le connaît pas bien, mais dans l'émotion, ses mots dépassent un peu sa pensée. « I am under extreme stress », écrit-elle. Elle vide son sac, et avoue sans détour qu'elle a besoin d'aide. Mehdi El Glaoui, qui vit à Genève, décide d'aller la voir. Il l'écoute longuement lui expliquer sa situation autour d'un déjeuner à la grande brasserie Kronenhalle, véritable institution zurichoise à la décoration boisée. La légende veut que Chagall, Picasso et Miró y aient, par le passé, payé leur repas d'une de leurs toiles, alimentant la coquette collection aujourd'hui exposée dans les salons du restaurant.

Mehdi El Glaoui n'est pas un homme arrogant. Au contraire, sa voix chaleureuse, et sa façon de parler en baissant la tête laissent croire à une certaine réserve, et invitent à la confidence. Margarita lui raconte tout, le conflit qui s'amorce avec Veyrat, les difficultés avec la famille, les échéances financières... « A ce moment-là, Margarita n'a rien, raconte a posteriori un de ses conseillers. Elle n'a pas d'argent personnel, elle n'est personne, ni institutionnellement, ni financièrement. C'était Jacques Veyrat qui donnait les contrats. Ses avocats touchaient plusieurs millions par an. Personne ne le voit, mais c'est impossible de lutter contre ça, c'est une machine extrêmement puissante. Margarita représentait l'actionnaire majoritaire, mais elle était bloquée ! »

Spontanément, Mehdi El Glaoui va dans son sens. Ce n'est pas un homme de conflit. Pour lui, il est évident que la lutte est inégale, et qu'elle risque de se faire dépouiller. Il accepte donc de l'aider à titre amical. Contrairement à d'autres conseillers, il n'est pas rémunéré pour ses services. Sans doute trouve-t-il une certaine satisfaction à revenir, post mortem, dans l'intimité de celui qui l'avait congédié un peu brutalement de l'OM deux ans plus tôt ?

Décidée à aller au combat, Margarita pense qu'il lui faut des relations, des parrains puissants, des relais dans les bons endroits... Elle doit se fabriquer un prénom, et une place dans l'establishment français. Sur l'avis de Mehdi El Glaoui, elle imagine alors de créer une sorte de conseil des sages, dans lequel pourraient siéger quelques grands patrons qui lui apporteraient leur protection. Mais qui pourrait bien la soutenir, elle qui ne connaît personne à Paris ? Elle parle français de façon très imparfaite, et ne connaît pas les codes du monde des affaires.

Tous ses proches activent leurs réseaux. Mehdi propose de lui faire rencontrer François Pinault, qu'il connaît à titre personnel. Un déjeuner est organisé au George V. Vincent Labrune mobilise lui aussi son copieux carnet d'adresses. De ses années TF1, il a conservé la confiance de Martin Bouygues, qui a déjà demandé à rencontrer Margarita, et la reçoit au siège de l'entreprise de BTP. Il sollicite aussi Jean-Pierre Bechter, le bras droit de Serge Dassault, dont l'épouse est russe.

L'accueil qu'elle reçoit est plutôt bienveillant. La curiosité des grands patrons pour cette Russe étrange et exotique, qui se dit en grand danger, est réelle. Ils sont à la fois surpris, attendris, et épatés par sa fougue. « Je voulais leur montrer que je n'étais pas folle ! » dit-elle. Pour eux, c'est aussi une occasion rêvée d'accroître leur pouvoir. Le groupe Louis Dreyfus est amené à prendre de l'importance. En ce début de XXIe siècle, le contrôle des matières premières agricoles est un enjeu de sécurité alimentaire à l'échelle mondiale. Curieusement, les pouvoirs publics français semblent s'en désintéresser. Mais la dimension stratégique des activités de la maison LD n'a pas échappé aux parrains du capitalisme hexagonal. Et puis il y a l'OM, qui fait rêver, même dans les cercles du pouvoir.

Dans le conflit, aucun ne prend toutefois réellement parti pour elle. Ils sont prêts à l'aider, mais lui conseillent de temporiser. En face, Jacques Veyrat est soutenu par Alain Minc, très en cour à l'Elysée. Le dirigeant ne tarde d'ailleurs pas à avoir vent de l'ambitieuse campagne menée par son actionnaire. Il se fend d'une contre-visite à chacun des grands partons, pour rétablir l'équilibre.

Puis, début mars, alors qu'elle feuillette un magazine, Margarita tombe sur une photo qui lui semble familière. C'est un portrait d'Antoine Frérot, fraîchement nommé directeur général de Veolia. Elle en parle à Xavier Boucobza, à qui elle fait aussi appel de temps à autre.

« Il me semble que Robert voulait que ce soit lui qui remplace Jacques, n'est-ce pas ? lui demande-t-elle en lui montrant la photo.

— Oui, en effet, il l'avait contacté lorsque Jacques était pressenti pour prendre la direction de France Télécom. »

Après avoir largement couvert l'arrivée d'Henri Proglio chez EDF, la presse s'attarde alors sur la polémique créée par sa « double casquette ». Henri

Proglio a conservé la présidence de Veolia en même temps qu'il a pris celle d'EDF. Il a, à l'évidence, du mal à quitter son ancienne maison. Mais la situation est, de l'avis général, incompatible avec les règles de bonne gouvernance. Surtout, elle complique sensiblement ses relations avec Antoine Frérot depuis que ce dernier a pris la direction générale.

Antoine Frérot... Ce nom dit vaguement quelque chose à Margarita. Son mari lui en avait parlé, il lui semble qu'il l'avait rencontré chez L'Ami Louis lors d'un dîner... Elle peut peut-être reprendre contact avec lui. S'il avait de l'estime pour son mari, il acceptera certainement de l'aider. Xavier Boucobza joue de nouveau les intermédiaires, et Antoine Frérot reçoit Margarita un matin, dans son bureau de l'avenue Kléber, au siège de Veolia.

Lorsqu'elle débarque dans la pièce, avec sa robe bleu moulante, ses talons et son quasi-mètre quatre-vingts, le dirigeant en a le souffle coupé. La veuve de Robert en impose. Elégante, elle marche d'un pas assuré en secouant sa chevelure blonde. Ce n'est pas le genre de visiteur qu'il a l'habitude de recevoir dans son bureau.

« Il faut que vous m'aidiez, résume-t-elle, directe. Je voudrais vous proposer de diriger Louis Dreyfus. »

Margarita lui raconte les relations tendues avec Jacques Veyrat et la belle-famille. Ses difficultés, son isolement. Puis, elle parle de Robert, de la maladie, de sa disparition encore toute récente. Prise d'émotion, elle se met à pleurer. Les quelques conseillers présents sont bouleversés par son récit. Le silence est lourd. Touché par sa situation, Antoine Frérot refuse sa proposition, mais accepte de l'aider. Elle reprend ses esprits.

« Je sais que mon mari vous avait contacté pour le groupe il y a deux ans, mais ma belle-famille ne me croit pas. Il faudrait que vous le leur disiez. »

Antoine Frérot n'a pas le temps de répondre. Margarita a plongé la main dans son sac pour saisir son téléphone, et appeler sur-le-champ sa belle-sœur, Monique, qui vit en Suisse.

« Antoine Frérot est là, en face de moi, il va te le dire lui-même, je te le passe, déclare Margarita à sa belle sœur.

— Non, non, ce n'est pas nécessaire, je t'assure.

— Si, si, tu vas voir. »

Et Margarita de tendre le téléphone à Antoine Frérot, médusé.

Pour compléter son écurie, elle estime qu'il lui faudrait un avocat parisien, une figure ayant un peu de surface, pour gagner en crédibilité, faire peur à Veyrat et le faire reculer. Elle n'a plus aucune confiance en Bredin Prat, qui travaillait pour son mari, mais a clairement choisi le camp du dirigeant. Les proches de Margarita l'ont du coup ironiquement renommé « Gredin Prat ». Mehdi El Glaoui suggère le cabinet de Jean-Michel Darrois, dont il connaît l'un des associés. Darrois est une légende de la place de Paris. Derrière son éternel sourire bronzé, ses petites lunettes d'écailles, et sa courtoisie onctueuse, il est surnommé « l'avocat le plus puissant de France ». Ce juriste de 63 ans est de toutes les grandes OPA et de toutes les fusions. Il a la confiance de nombreux grands patrons, et des connexions politiques, à gauche comme à droite. Le choisir ne manquera pas de gêner Jacques Veyrat. Et Jean-Michel Darrois est un ami intime d'Alain Minc, parrain du dirigeant, ce qui peut aussi faciliter le dialogue si nécessaire.

L'avocat n'hésite pas longtemps. Des conflits de pouvoirs, il en a vu un certain nombre dans sa carrière, y compris au sein de grandes familles. Il ne connaissait pas Robert, ni les autres membres de la famille Louis-Dreyfus. Mais l'affaire en vaut la peine. Louis Dreyfus, c'est un joli nom à ajouter à son tableau de chasse. Et Margarita est singulière. Passionnée, elle change régulièrement de sujet et de langue quand elle parle, au point qu'il est difficile de la suivre, mais elle a une énergie qui laisse pantois. Il est clair qu'elle se battra jusqu'au bout.

Sa feuille de route est claire : il doit obtenir le départ de Jacques Veyrat et d'Erik Maris de la fondation Akira. C'est là que Margarita veut reprendre le pouvoir. Veyrat et Maris peuvent y décider de tout sans son accord, alors qu'elle représente l'actionnaire majoritaire.

Dès la fin 2009, elle a d'ailleurs lancé dans la plus grande discrétion un contentieux devant le tribunal de Vaduz au Liechtenstein pour obtenir la destitution d'Erik Maris et de Jacques Veyrat de la fondation. Son argument : les deux hommes sont en conflit d'intérêts et ne se contentent pas de représenter l'actionnaire majoritaire. Erik Maris est banquier de la société, et Jacques Veyrat, en tant que dirigeant, doit des comptes à tous les actionnaires. Dans les deux cas, les règles élémentaires de gouvernance sont bafouées. Margarita joue avec le feu. En attaquant la fondation, elle prend le risque de perdre purement et simplement l'héritage. Et les statuts sont formels : les trustees sont irrévocables. Ses chances d'aboutir sont incertaines, tandis que le danger qu'elle perde tout est réel. Mais elle n'hésite pas un instant. Margarita est en marche.

Pour achever de l'installer comme une héritière légitime et crédible, Vincent Labrune, qui est devenu son conseiller en communication, lui fait rencontrer quelques journalistes. Jacques Veyrat est très introduit dans la presse et les médias « sérieux ». Margarita, elle, n'est pour l'instant connue que des journalistes sportifs, d'autant qu'en ce début d'année 2010, l'OM fait des étincelles, gagnant coup sur coup la Coupe de la Ligue puis le titre de champion de France. Il faut changer son image. Le magazine *Capital* se penche le premier sur son parcours et sa personnalité. Dans un long papier daté du printemps 2010, titré « La tsarine de l'OM ne veut pas jouer les potiches », elle est présentée comme une « femme d'affaires décidée ». Ce qui fait grincer quelques dents du côté de sa belle-famille, où cette publicité est jugée fort malvenue. Puis *L'Express* lui consacre quatre pages, quelques semaines plus tard, alors que l'OM est sacré champion de France : « Margarita Louis-Dreyfus, d'une multinationale à l'OM ». Progressivement, les médias découvrent cette Slave au regard bleu, qui pose en robe léopard et en claquettes dans son salon, et affirme défendre l'héritage de son mari.

« Temasek, c'est très grave »

Ce jour-là, la famille est au complet. Les actionnaires se sont retrouvés dans un quartier d'affaires un peu excentré d'Amsterdam, au septième étage d'un immeuble moderne qui abrite plusieurs entreprises. C'est là, dans cet endroit totalement impersonnel, qu'est officiellement basé le siège de Louis Dreyfus Holding. Les locaux du holding de tête sont en fait ceux d'une coquille vide. Quelques salariés, une ou deux salles tout au plus. Pas de plaque sur la rue. C'est tout le paradoxe de cette multinationale. Le pouvoir n'est pas là où on le croit. Il est dispersé entre les traders, un peu partout dans le monde. Et les décisions importantes se prennent dans de discrètes et quelconques petites salles de réunion, dissimulées à Vaduz ou à Amsterdam, n'appartenant parfois même pas au groupe.

Il est déjà tard. La réunion ne doit pas s'éterniser, c'est la troisième fois que l'opération Temasek est abordée en conseil. Il faut maintenant appuyer sur le bouton pour qu'elle démarre. Jacques Veyrat a expliqué à nouveau le mécanisme et les avantages de l'augmentation de capital. Tout le monde est d'accord. On passe au vote.

« Non ! »

Margarita, qui n'a rien dit jusque-là, et s'exprime rarement en conseil, refuse, pour la première fois, d'approuver l'opération. Les présents pensent avoir mal entendu. Elle répète. « Non. » C'est incompréhensible. Elle a voté deux fois en faveur de ce projet, en décembre et début janvier. Quelle mouche l'a encore piquée ?

A force de prendre des cours de « business », d'éplucher tous les rapports financiers, et de consulter ses avocats, Margarita a commencé à se forger une opinion. Mais elle a surtout vu les risques. Des risques qu'elle juge suffisamment sérieux pour remettre en question la transaction. Son raisonnement est mathématique, mais pas totalement convaincant d'un point de vue économique. Elle craint que l'entrée de Temasek ne la rende minoritaire. La fondation Akira est propriétaire de 59 % de Louis Dreyfus, lui-même actionnaire à 80 % de la pépite LD Commodities, les 20 % restants étant entre les mains des traders. Mathématiquement, elle n'a donc « que » 47 % de LD Commodities. Si Temasek prend 10 % du capital de la filiale, la part d'Akira diminuera encore, tombant à près de 40 %. Bref, l'opération éloigne encore Akira de la filiale de négoce, qui concentre désormais la quasi-totalité de la valeur du groupe. Une perspective qui terrorise Margarita. « Temasek, c'est très grave », dit-elle.

En réalité, dans une entreprise, le pouvoir ne se mesure pas en intérêts économiques, mais en droits de vote. A chaque étage du dispositif, Akira reste majoritaire dans le groupe Louis Dreyfus, lui-même majoritaire dans la filiale de négoce. Même après l'entrée de Temasek, Akira garde le contrôle. Ce type de montage présente même quelques avantages. C'est avec une construction comme celle-là que s'est bâtie la fortune du milliardaire belge Albert Frère. Par une cascade de holdings dans lesquels il est resté majoritaire à chaque étage, il s'est assuré le contrôle d'un ensemble plus grand en se dotant d'une capacité d'investissement accrue.

Margarita, elle, est convaincue que le projet « Tamasek », comme elle l'appelle, est destiné à la mettre en minorité et à lui faire perdre le contrôle du cœur de Louis Dreyfus. Désormais, tout est lu à travers le prisme de la lutte de pouvoir qui l'oppose à Veyrat et à la famille. Le scénario le plus noir est celui qui retient son attention. « Elle avait la même approche que ses avocats, cherchant à pointer tous les risques, se souvient un ancien dirigeant. Les gens qui la conseillaient n'avaient pas de vision industrielle, ils agitaient le scénario catastrophe, et proposaient leur solution à eux. » Dans l'opération Temasek, la valeur du groupe est en outre fixée à un prix très élevé, proche des 10 milliards de dollars, ce qui l'obligera à racheter les minoritaires à un prix délirant ! Et ce prix risque d'être encore plus élevé quand l'entreprise sera cotée. Impossible. En février, alors que l'opération est sur le point d'être lancée, elle dit non.

Jacques Veyrat est effondré. L'opération a du sens, et il a le sentiment d'avoir tout essayé pour la convaincre. Mais décidément, avec elle, il n'y arrive pas. Devant cette blonde incontrôlable, le brillant dirigeant aux succès multiples cale. Il a même demandé à la sœur aînée de Robert, Monique, de l'appeler pour tenter de la faire changer d'avis.

« Il faut que tu soutiennes l'idée de Jacques, lui a dit cette dernière.

— Je le ferai, si je peux faire financer les options par la société », a retenté Margarita.

Nouvel échec. Jacques Veyrat hésite à passer en force. « Cette opération, on va la faire. C'est une information, pas une demande d'autorisation ! » lui lance-t-il un jour. Elle manque de s'étrangler. Juridiquement, Margarita ne peut pas, à elle seule, bloquer l'opération, car elle n'a pas la majorité dans la fondation Akira. Erik Maris, le troisième trustee, y est, lui, favorable. Ce sont ses équipes, chez Lazard, qui travaillent dessus depuis des mois.

Mais le risque est trop grand. Jacques Veyrat préfère faire marche arrière. Il est inconcevable de lancer une opération d'une telle ampleur si Margarita, au cœur du système, s'y oppose.

D'autres options seront étudiées, puis remisées. Margarita multiple les séances de travail avec ses avocats et Jacques Veyrat, le plus souvent dans des salles de réunions des aéroports où elle se pose pour gagner du temps, à Zurich ou au Bourget. La cotation est toujours plus ou moins évoquée. Une façon de procéder pourrait être de fusionner avec un concurrent déjà coté, ce qui simplifierait les choses. Le nom d'Olam, l'un des trois asiatiques cotés à Singapour, émerge. Ensemble, les deux groupes formeraient un poids lourd du secteur : 15 à 20 milliards de dollars de capitalisation.

En réalité, aucun de ces scénarios n'a la moindre chance de voir le jour. « Tous ces sujets étaient mort-nés, commente un proche des discussions. Ils étaient censés résoudre les problèmes de gouvernance du groupe, mais restaient inenvisageables tant que la gouvernance n'était pas clarifiée ! » En quelques mois, la cohabitation entre Jacques Veyrat et Margarita Louis-Dreyfus est devenue impossible. « C'est Chirac-Jospin sans constitution », dit-on alors au sein de l'entreprise. Il la prend pour une idiote, elle le prend pour un traître. Elle le poursuit, il la méprise. Elle lui envoie mail sur mail, sms sur sms, même quand il est en vacances. Veyrat, qui n'éteint jamais son BlackBerry, et se lève à 4 heures du matin, est vite à bout de nerfs. Les lettres d'avocats se multiplient. « Les salves sont sans limites... », confie-t-il à ses proches. En retour, il ne la ménage pas dans les dîners en ville, entretient le fantasme sur son passé russe et ses fréquentations, tandis qu'Alain Minc relaie le message.

Compte tenu des intérêts économiques en jeu, la Direction centrale du renseignement intérieur (DCRI) ouvre, début 2010, une enquête sur Margarita Louis-Dreyfus. Sans rien dénicher de compromettant. Pourtant, un jour, l'un des supérieurs de son avocat zurichois Urs Schenker reçoit un coup de fil qui sonne comme une mise en garde. « Votre cabinet a accepté une cliente, qui se présente comme l'une des femmes de Robert Louis-Dreyfus. C'est une Russe, elle est complètement folle. Elle veut vendre l'entreprise à des capitaux russes et menace les intérêts de la France. » L'appel, qui vient de Paris, émane d'un proche du pouvoir à l'époque. De cette période, Margarita conserve une certaine rancœur à l'égard du pays des droits de l'homme.

Pas de conseil pour Margarita

Au printemps, un dernier incident allume la mèche. A l'occasion d'une réunion de la fondation Akira, à Vaduz, Margarita demande à faire entrer Mehdi El Glaoui avec elle dans la pièce, comme conseil. Théoriquement, les statuts de la fondation le lui permettent, mais il faut l'accord des deux autres trustees. L'ambiance est glaciale, Margarita sait qu'elle doit jouer serré. Elle est donc arrivée accompagnée d'huissiers et d'avocats.

« Je veux que Mehdi reste avec moi comme conseil pendant la réunion. »

Jacques Veyrat et Erik Maris haussent les sourcils. Pour eux, Mehdi El Glaoui n'a rien à faire là. Il ne faisait pas partie des proches de Robert et ne connaît pas le groupe.

« Est-ce que tu as revu Robert depuis que tu as quitté l'OM ? » demande Jacques Veyrat, grinçant, au nouveau venu.

Mehdi El Glaoui se défend tant bien que mal, et essuie un refus des deux protecteurs. Pour la première fois, Margarita est mise en minorité. Elle est furieuse.

« Si je ne peux pas amener mon conseil dans la pièce, je sortirai pour lui parler », prévient Margarita.

Pendant la réunion, Mehdi El Glaoui attend donc dans le couloir. Toutes les cinq minutes, Margarita sort ostensiblement de la pièce pour lui demander son avis, avant de revenir. Plus tard, elle obtiendra de nommer Mehdi administrateur de la fondation, un statut lui permettant d'assister aux conseils et aux assemblées générales. Mais pour elle, désormais, la guerre est déclarée.

Une blonde à Marseille

Alors qu'elle peine à s'imposer à Paris, Margarita fait merveille à Marseille. Moins d'un an après la mort de son mari, l'OM est sacré champion de France le 5 mai 2010, un titre inespéré pour le club qui n'avait rien gagné ou presque depuis des années.

Le jour est historique, le dernier titre de champion de France pour l'OM remonte à 1992. Margarita, qui a assisté au match contre Rennes avec ses enfants, devient la nouvelle héroïne de Marseille, le porte-bonheur du club, la « tsarine », la « madone », la « Eva Perón » de l'OM... Ironie du sort, la malédiction qui pesait sur Marseille prend fin avec elle !

Le dimanche suivant, alors que plus de 60 000 supporters se sont amassés devant la mairie, les deux autocars bleu et blanc qui transportent les joueurs mettent deux heures pour parvenir à faire le tour du Vieux-Port tant la foule est dense. Margarita est acclamée sous une pluie de confettis lorsqu'elle apparaît au balcon de l'Hôtel de Ville vêtue de sa veste rose, avec l'équipe, l'entraîneur Didier Deschamps et le président Jean-Claude Dassier. « Je voudrais remercier tous les joueurs d'avoir permis au rêve de Robert de devenir réalité », déclare-t-elle aux caméras dans un français approximatif, sa visière noire qui lui cache le regard vissée sur le front.

On la sent heureuse, mais pas totalement dans son élément. Il faut bien le reconnaître : l'OM, c'était la passion de son mari, pas la sienne. Les supporters marseillais ne l'ont pas toujours bien traitée, et elle est convaincue que l'OM a creusé la tombe de Robert. Est-ce un hasard si le virus JC, qui a tué son mari, s'est déclaré quelques jours après le verdict du procès sur les transferts de joueurs ?

Quelques mois plus tôt, à la mort de Robert Louis-Dreyfus, l'inquiétude était grande à Marseille. Qu'allait devenir le club sans son mécène, très critiqué, mais généreux ? En 2009, sur la Canebière, personne ne connaissait Margarita Louis-Dreyfus. Cela faisait des années qu'elle boudait les tribunes du stade Vélodrome, même si elle y était revenue épisodiquement, quand son mari était malade, pour le soutenir. Tout le monde savait aussi qu'il avait espéré vendre le club de son vivant. Certes, il avait financé lui-même le recrutement à 18 millions d'euros de l'Argentin Lucho Gonzalez, en renonçant à percevoir les bénéfices du club. Mais nul ne connaissait les intentions de sa veuve.

En réalité, Margarita n'a pas hésité très longtemps. En juillet 2009, ses conseils, ses avocats suisses, et certains proches de son mari comme Louis Acariès lui conseillent de se défaire de ce sac de nœuds au plus vite. Elle ne connaît rien au football, ne s'y intéresse pas particulièrement, et n'a pas les clés pour comprendre la géopolitique subtile qui gouverne Marseille. Vendre, elle en aurait sans doute eu la possibilité. Mais dans quelles conditions ? Peu avant sa mort, Robert avait été approché par deux repreneurs potentiels. D'un côté, Jean-Michel Roussier, ancien président du club entre 1995 et 1999, sponsorisé par le fonds américain GEM. Allié à Louis Acariès, le repreneur proposait une centaine de millions d'euros. De l'autre, un homme d'affaires ayant fait fortune dans la distribution, dont le nom n'a pas été révélé, aurait aussi fait des avances. Aucune suite n'avait été donnée à ces offres, jugées peu sérieuses. « Des gens qui veulent racheter l'OM, il y en a trois par semaine, relativise Vincent Labrune. Dans 99 % des cas, ils veulent juste se faire un peu de publicité gratuite sur le dos du club, et n'ont pas un centime. »

Margarita se pose la question. Puis décide, sur les conseils de Vincent Labrune, de s'en tenir à la mémoire de Robert, qui n'a pas vu ce club gagner un seul titre de son vivant. « C'est une partie de mes souvenirs avec Robert », déclare-t-elle a posteriori. Vincent Labrune est convaincu que le club, qui a beaucoup investi en recrutant de bons joueurs en 2009, pourrait enfin gagner cette année. La veuve de Robert sait bien qu'elle va au-devant de difficultés insensées. Son mari, pourtant si doué en affaires, n'a jamais vraiment compris l'univers phocéen. Comment pourrait-elle prétendre faire mieux ? Mais ses enfants sont passionnés de football, notamment son fils Kyril. L'OM les rattache à la mémoire de leur père. Même pour elle, cet investissement est dépourvu de rationalité.

Alors elle décide de rester, en tout cas pour le moment. Elle l'annonce fin octobre dans son premier grand entretien, paru dans *L'Equipe*. « A de nombreuses reprises, Robert m'a répété : "Avec l'OM, tu feras ce que tu veux." Après sa mort, je n'ai pas voulu partir. Je me suis retrouvée face à une très grande responsabilité et j'ai pensé qu'une mise en vente aurait pu déstabiliser le club. Ce que l'on fait là encore, c'est pour la mémoire de Robert et pour les enfants. J'aimerais donner plus de temps à l'OM mais il y a le groupe. C'est gigantesque. »

Sa condition pour garder le club ? De la tranquillité, et l'équilibre financier. Des bénéfices, et pas de scandale. « Robert était prêt à perdre de l'argent avec Marseille. Moi, non. J'ai des obligations vis-à-vis de mes enfants », rappelle-t-elle régulièrement. Elle prévient qu'elle ne signera pas de chèques en blanc, comme le faisait son époux, tout en se faisant insulter. Le club doit s'autofinancer et obtenir des résultats. Margarita est d'autant plus inflexible que l'OM, c'est l'argent de ses enfants qui le finance. Jean-Claude Dassier, nommé président quelques mois plus tôt, a donc pour mission de réduire de 10 % la masse salariale, qui, à 85 millions d'euros, est l'une des plus importantes du championnat français. Il doit notamment jouer sur les primes. Et doit trouver de nouvelles sources de revenus pour le club, en développant le marketing. Selon la presse sportive de l'époque, Margarita fixe même un objectif de qualification en Ligue des champions, le sésame pour pouvoir s'autofinancer avec les droits de retransmission.

Dès l'automne, le message d'orthodoxie financière est abondamment relayé par Vincent Labrune, alors président du conseil de surveillance de l'OM et d'Eric Soccer, le holding qui détient le club. Il est là pour porter la parole de l'actionnaire, qui a totale confiance en lui pour ce qui concerne le football. Le rôle prépondérant pris par celui qui est devenu l'un de ses plus proches confidents n'échappe à personne, et agace. Les anciens dirigeants du club ne ratent pas une occasion d'égratigner ce « Raspoutine » un peu trop influent et parisien à leurs yeux, et qui, en plus, douche régulièrement les espoirs de grandeur des Marseillais.

Les supporters se plaisent même à imaginer une idylle entre Margarita et lui. Les caméras zooment volontiers sur le couple pendant les matchs. Dès que l'un se penche vers l'autre, l'image est figée, si possible de façon compromettante. Elle, avec ses fourrures blanches et ses décolletés, lui avec son manteau noir, col relevé, cheveux au vent. L'image est un peu racoleuse, mais fait vendre. En avril, *L'Equipe Magazine* consacre cinq pages à ce duo si glamour, photos à l'appui, carrément titrées « Labrune et la blonde ». Les intéressés et leur entourage ont beau démentir, et s'énerver franchement, la rumeur s'installe.

En contrepartie de la cure d'austérité qu'elle impose, « Madame rigueur », l'un de ses multiples surnoms à Marseille, n'hésite pas à venir assister aux matchs avec ses jumeaux, parfois maquillés aux couleurs du club. Elle invite aussi ses amis russes dans sa loge du stade Vélodrome. Elle arbore sans complexe l'écharpe bleu et blanc par-dessus sa veste Chanel, tandis que ses enfants agitent le drapeau du club. En tout, la famille assiste à une quinzaine de matchs la première année.

Elle montre aussi qu'elle s'implique auprès des joueurs, alors qu'elle a en réalité la tête ailleurs. Au lendemain d'une victoire contre Lyon le 21 mars, elle invite ainsi tous les joueurs et l'équipe dirigeante du club à déjeuner au restaurant trois étoiles Le Petit Nice Passédat, sur la Corniche. L'événement ne passe pas inaperçu. Toute la presse locale raconte l'anecdote le lendemain. Mais sa présence à Marseille est minutée. Elle arrive en avion privé, passe une nuit au Sofitel du Vieux-Port et repart le lendemain à l'aube pour déposer ses enfants à l'école à Zurich.

Si les résultats sont là – une victoire en Coupe de la Ligue en mars puis un titre de champion de France début mai –, ses injonctions financières ne résistent pas longtemps à la pression du marché. Avant même l'ouverture du mercato[1] 2010, le club, pourtant bénéficiaire depuis quatre ans, affiche un déficit proche de 5 millions d'euros, pour un chiffre d'affaires record de près de 140 millions d'euros.

Motif? De généreuses primes – le titre de champion de France a coûté plusieurs millions d'euros en bonus pour les joueurs, qui ont complètement effacé les bénéfices de la victoire. C'est la loi du marché. Le 23 juillet, Jean-Claude Dassier se rend à Zurich avec Antoine Veyrat, nommé directeur général de

---

1. Le mercato désigne la période au cours de laquelle les clubs de football achètent et vendent des joueurs.

l'OM en 2008 sur proposition de son frère Jacques. Ils viennent demander une rallonge à l'actionnaire, afin d'aborder plus sereinement le mercato de l'été. En présence des exécuteurs testamentaires qui gèrent le patrimoine privé de la veuve de Robert et celui de ses enfants, Margarita accepte de leur octroyer un prêt de 8 millions d'euros. Mais le message est clair : les caisses sont vides, de gros investissements ont été faits en 2009, le club ne peut plus dépenser.

La consigne ne sera qu'à moitié entendue. Cet été-là, la gestion malencontreuse des transferts de joueurs, première variable d'ajustement pour équilibrer les comptes d'un club de football, plonge l'OM dans de vraies difficultés financières. « Jean-Claude Dassier avait l'obligation d'acheter et de vendre des joueurs en restant à l'équilibre, mais finit le mercato 2010 sur un déficit de 40 millions ! » estime un conseiller de l'actionnaire. Le club a tardé à vendre les joueurs qui auraient pu lui rapporter gros, et l'argent qui aurait permis d'en recruter de nouveaux dans de bonnes conditions n'est donc pas rentré à temps dans les caisses. Une erreur qui se paie au prix fort. Malgré le prêt accordé, les dirigeants du club échouent à faire venir les quelques stars dont le nom circule à Marseille, comme l'attaquant Luis Fabiano ou le milieu de terrain Alou Diarra. A dix jours de la fin de la période des transferts, deux hauts potentiels français, André-Pierre Gignac et Loïc Rémy, sont en revanche recrutés une fortune, respectivement 16 et 15 millions d'euros, faisant voler en éclats la rigueur financière prônée par l'actionnaire. D'autant que le coût des recrutements est étalé sur plusieurs exercices. Les supporters, jusque-là plutôt indulgents avec Margarita, sont déçus et le font savoir. « La gestion à l'africaine nous manque », clament-ils sur une banderole fin août à l'occasion d'un match contre Lorient, en référence à l'ancien président Pape Diouf.

En septembre, Margarita s'invite au conseil de surveillance de l'OM pour demander des comptes sur la gestion du mercato de l'été. Jean-Claude Dassier et Antoine Veyrat se défendent, estimant avoir fait des recrutements prometteurs et investi dans l'avenir. Ils renvoient aux performances financières des autres clubs, pas franchement plus brillantes. Les chiffres inquiètent d'autant plus les avocats zurichois qui veillent sur le trésor de Margarita que de nouvelles menaces pèsent sur les recettes du club : travaux de rénovation du stade Vélodrome, dont le manque à gagner est estimé à une dizaine de millions d'euros pendant trois ans, baisse des droits de retransmission télévisée et des recettes de sponsoring, suppression d'une niche fiscale avantageuse pour la rémunération des joueurs...

Quelques semaines plus tard, à deux jours d'un match contre le Spartak Moscou, crucial pour la qualification en Ligue des champions, elle en remet une couche. « La direction a décidé d'investir de façon importante lors du mercato pour renforcer l'équipe et lui permettre de franchir le premier tour de la Champions League. Une élimination serait donc une grande déception, pour ne pas dire un échec pour le club », prévient-elle dans un entretien au *Journal du Dimanche*. Mais le soir du match, après la victoire 3-0 de l'OM, elle sait se montrer reconnaissante. Venue avec ses jumeaux et quelques amis, elle célèbre avec élan la victoire du club.

« Mon fils Kyril me dit qu'il veut prendre la présidence du club ! affirme-t-elle à Jean-Claude Dassier en riant.

— Je veux bien, mais je n'attendrai pas jusque-là ! »

Tandis que les joueurs sont encore dans les vestiaires, le gardien Steve Mandada sort avec sa serviette autour de la taille.

« Président, qu'est-ce qu'on fait pour la prime ? » demande-t-il à Jean-Claude Dassier, qui sirote un verre avec Margarita et Vincent Labrune.

La prime promise est de 30 000 euros par joueur, mais ils veulent qu'elle soit doublée.

« Jean-Claude, c'était prévu ? » demande-t-elle.

Dassier ne répond pas. Difficile de refuser : la qualification en huitièmes de finale de la Ligue des champions va rapporter 6 millions d'euros au club. Doubler la prime coûtera un million. Vincent Labrune convainc Margarita d'accepter. Dassier entre dans le vestiaire.

« Rhabillez-vous, la propriétaire arrive !

— Je suis très contente, très heureuse de cette victoire. Je vais multiplier la prime par deux ! » annonce-t-elle.

Les joueurs acclament leur bienfaitrice. Ce soir-là, l'ambiance est euphorique. Margarita est si heureuse qu'elle achève de fêter la victoire de l'OM à la soirée karaoké du bar de l'hôtel Radisson Ukraina où elle est descendue, en réinterprétant sur scène des tubes de variété russe avec quelques amies.

Sensible aux intérêts de son pays d'origine, elle s'active d'ailleurs depuis des mois pour plaider la cause russe dans l'attribution de la Coupe du monde 2018, cultivant ses relations personnelles et professionnelles au plus haut niveau. Sepp Blatter, le président de la FIFA, était un ami de Robert, et son neveu Philippe est PDG d'Infront, la société gérant les droits de retransmission des matchs. « Je pense que (la Russie) mériterait d'accueillir le monde chez elle en 2018. C'est un très grand pays, dans tous les sens du terme, explique-t-elle au *Journal du Dimanche*. Les Russes adorent le football et de gros efforts ont été consentis en terme de logistique, de stades. La Coupe du monde serait l'occasion d'apprendre à mieux connaître le peuple russe, sa culture, ses émotions. » Des mots qui prennent un sens tout particulier dans la bouche de celle qui se sent alors rejetée par une partie de l'establishment français...

Le sujet lui tient tellement à cœur qu'elle parvient à rencontrer Vladimir Poutine lors d'un voyage à Moscou, à qui elle propose son soutien dans ce dossier. Le dirigeant est pétersbourgeois comme elle, et originaire du même quartier de la ville. Il est aussi lié au chef d'orchestre Valery Gergiev, ami proche de

Margarita. Quant à elle, elle est virtuellement l'une des femmes les plus riches de son pays d'origine. Même si elle est peu connue en Russie, et pas encore tout à fait à la tête de l'entreprise, elle compte dans le paysage économique des affaires. La semaine suivante, la Russie sera désignée organisatrice de la Coupe du monde de football 2018 par la FIFA.

Margarita Louis-Dreyfus et Vladimir Poutine se reverront une fois l'année suivante, à l'occasion d'un déplacement officiel de ce dernier en Suisse. Mais la veuve de Robert se garde bien de donner son avis sur les débats politiques qui secouent la Russie. Très prudente, elle rappelle volontiers qu'elle a quitté ce pays depuis trente ans. De fait, malgré ses quelques relations, son influence y est encore limitée. En revanche, son entourage se plaît à laisser planer l'ambiguïté. Au cas où.

LE COUP D'ÉTAT

La valse des protecteurs

Depuis quelques mois, tout Paris s'amuse de ce duo improbable. Matthieu Pigasse et Erik Maris, deux figures de Lazard, deux banquiers aussi brillants et ambitieux que rivaux. Les dirigeants de la prestigieuse banque d'affaires à New York ont eu la curieuse idée de vouloir les faire cohabiter en les nommant, ensemble, à la tête du bureau de Paris à l'automne 2009. Une situation byzantine dont seule Lazard a le secret. Les concurrents, amusés, comptent les points. Combien de temps se supporteront-ils ? Lequel partira le premier ?

Pourtant, déjà, au sein du binôme, l'issue semble écrite. Le si médiatique Matthieu Pigasse a depuis longtemps les faveurs de New York. Personne n'est vraiment surpris lorsqu'en avril de l'année suivante, Erik Maris est écarté. Aux yeux de tous, le talent, l'entregent et le sens politique de Matthieu Pigasse ont prévalu. Le banquier iconoclaste, célèbre pour ses costumes Dior sur mesure et son goût pour la musique punk, défraie la chronique depuis des mois avec ses investissements dans la presse : *Les Inrockuptibles* d'abord, puis *Le Monde*. Sa trajectoire est ascendante. Posséder un média est déjà un attribut du pouvoir.

Coïncidence ? Quelques semaines plus tôt, Margarita a écrit un long courrier à Kenneth Jacobs, le grand patron de la banque à New York, pour demander la tête d'Erik Maris. Motif : l'incompatibilité entre ses fonctions de protecteur d'Akira et de banquier conseil rémunéré par le groupe Louis Dreyfus. Le calendrier sert parfaitement ses intérêts. Erik Maris est fragilisé en interne, son sort est quasiment scellé. Mais tout de même, quand un (gros) client prend la plume pour se plaindre d'un banquier, cela fait mauvais genre. D'autant que le groupe de négoce est l'un des principaux comptes d'Erik Maris. En gagnant la confiance de Robert, celui-ci avait apporté de belles opérations, très visibles pour la banque, notamment dans les télécoms. Mais à l'évidence, la veuve de « RLD » n'a pas la même sympathie pour lui. Elle veut sa peau et est prête à tout pour l'obtenir.

Margarita se fiche de Lazard. Ce qu'elle veut, c'est qu'Erik Maris quitte Akira. Cela fait des mois qu'elle essaie d'obtenir son départ. Mais ses moyens sont limités, car il est irrévocable. Elle a tenté une première approche à l'amiable, et lui a demandé de partir, mais a été renvoyée dans ses buts sans ménagement. Sa seule chance, c'est de le pousser à la démission. Ce à quoi elle s'applique avec détermination, comme dans tout ce qu'elle entreprend.

Jacques Veyrat défend d'abord Erik Maris. Il s'imagine plus fort avec un allié dans la fondation. Néanmoins, cela fait quelques mois maintenant qu'il côtoie Margarita, il commence à la connaître. Elle ne fera pas machine arrière. Et l'étau se resserre aussi autour de lui. Il y a ce contentieux qu'elle a lancé à Vaduz, et toutes sortes de menaces qu'elle brandit. Sans compter qu'elle agite ciel et terre à Paris pour trouver des appuis... Si Erik Maris part, cela la calmera peut-être, et le mettra, lui, à l'abri de ses coups de boutoir. La mort dans l'âme, il pousse finalement le banquier à partir. Lui promet-il quelque chose en échange ? En tout cas, celui-ci quittera ses fonctions de trustee sans faire de bruit quelques semaines plus tard.

Faire partir Jacques Veyrat de la fondation s'avère nettement plus compliqué. Avec lui, le conflit ne peut être aussi frontal. Margarita veut s'en débarrasser, mais elle doit veiller à protéger sa relation avec lui, afin qu'une suite soit possible. Il reste le successeur choisi par Robert et il dirige l'entreprise. Sa légitimité est incontestable, malgré ses erreurs et ses maladresses. Elle passe donc par les avocats pour faire pression, et maintient des relations de façade cordiales avec lui. Même en justicière, elle peut faire preuve d'un certain cynisme. Certains l'ont vue rire franchement de sa propre duplicité, à la suite d'une conversation avec Jacques Veyrat au cours de laquelle elle s'était montrée aimable.

Mais après l'affront fait à son conseiller Mehdi El Glaoui en avril, Margarita s'impatiente. Cela fait plusieurs mois qu'elle a chargé Jean-Michel Darrois d'obtenir le départ de Veyrat de la fondation, sans résultat. Les deux approches diffèrent. L'avocat cherche plutôt à transiger. Pas elle. « On ne voulait pas qu'il concilie, mais qu'il fasse la guerre ! » dit un de ses conseillers. Maintenant qu'elle commence à mieux connaître le milieu des affaires parisien, elle subodore des liens de connivence. En France, tout ce petit monde se tient par la barbichette. Personne ne veut jamais se fâcher avec personne, surtout pas avec Veyrat ! Elle n'obtiendra rien de cette façon. Il lui faut s'extraire de ce microcosme et passer à la vitesse supérieure.

Sans le dire à Jean-Michel Darrois, elle décide de faire travailler un autre avocat en parallèle. Son choix se porte sur Pierre Haïk, un spécialiste des dossiers un peu sulfureux. Ce pénaliste a eu pour clients Michel Roussin, Alfred Sirven, Charles Pasqua ou même Laurent Gbagbo. Autoproclamé « avocat des voyous », il est chargé de faire le sale boulot. D'autres juristes suisses viennent compléter le tableau. Et changent régulièrement. L'idée est de brouiller les pistes et de déstabiliser.

Tous les documents relatifs au groupe et à son dirigeant sont épluchés minutieusement : procès-verbaux de conseils de surveillance, comptes rendus d'assemblées générales, accords d'actionnaires, rachat de parts... Margarita veut connaître précisément la position de Jacques Veyrat. Aucun document ne lui est demandé en direct, tout passe par les avocats. Lorsque Margarita Louis-Dreyfus et Jacques Veyrat se croisent, les rapports sont normaux, polis et civilisés. Elle l'appelle « Dear Jacques » en toute circonstance. Impossible de deviner ce qui se trame en coulisses.

Les recherches s'attardent plus particulièrement sur le plan d'intéressement de ce dernier. Ce plan, dont le principe et la structure ont été discutés au moment de la prise de contrôle du groupe en 2007, a été définitivement acté à l'automne de la même année. Considéré comme un plan de stock-options, il a fait l'objet d'un vote en assemblée générale de Kurosawa, le holding rassemblant tous les actionnaires, à Amsterdam, le 21 novembre 2007.

Or à cette date, Robert Louis-Dreyfus est entre la vie et la mort. C'est donc Jacques Veyrat qui vote, et signe de son nom, à la place de Robert, comme il le faisait à certaines occasions. Les sommes en jeu sont loin d'être négligeables. Les 5 % virtuellement détenus par le dirigeant représenteront à l'échéance du plan, en 2012, 400 à 500 millions de dollars. Une somme pour laquelle cela vaut la peine de se battre un peu. Même si ce plan avait été voulu par Robert, et que jamais, au cours des deux ans qui ont précédé son décès, il n'avait jugé utile de le contester, les avocats de Margarita décident de sortir l'artillerie lourde. Un manager qui se voit attribuer plusieurs centaines de millions de dollars, alors que son actionnaire majoritaire est sur son lit de douleur, cela ne manquerait pas de faire du bruit.

Un peu avant l'été, un copieux dossier est constitué. Aucune menace directe n'est formulée. C'est Jean-Michel Darrois, toujours officiellement responsable du dossier, qui fait comprendre à Jacques Veyrat qu'il doit partir, tout en essayant de dissuader Margarita d'aller au procès. « Même si ce n'est pas forcément sa nature, je l'ai convaincue qu'il fallait négocier, car un long procès aurait été désagréable pour tout le monde », explique-t-il a posteriori[1].

Jacques Veyrat hésite à se battre, consulte ses avocats, enrage. Son mentor Alain Minc lui conseille de faire marche arrière. « Vous en sortiriez amoché », le prévient-il. Veyrat est très soucieux de ne pas ternir sa réputation. Il n'en juge pas moins le procédé indigne.

Début juillet, il renonce, écœuré, à son rôle de trustee. Il a trop à perdre à résister. Il pense aussi n'avoir perdu là qu'une bataille, et pas la guerre. Il est encore PDG du groupe. D'autant qu'il compte négocier des garanties pour la suite.

Pour Margarita, en revanche, c'est une victoire éclatante. La première, mais la plus importante : celle qui fait sauter le premier étage du dispositif, sur

1. « L'irrésistible ascension de Margarita Louis-Dreyfus », *Le Magazine du Monde*, 5 mai 2012.

lequel repose tout l'édifice. En quelques mois, elle a repris la main sur la fondation alors que les deux protecteurs étaient indéboulonnables. Parvenir à les faire démissionner relevait de l'impossible. Enfin, elle va pouvoir choisir quelqu'un qui la représente. Du moins le croit-elle. Car les actionnaires minoritaires veulent eux aussi faire entendre leur voix.

Deux nouveaux protecteurs

Soutien inconditionnel de Veyrat jusque-là, la belle-famille de Margarita est un peu ébranlée. Tant par la brutalité de l'assaut, que par les accusations brandies contre le dirigeant. Par principe, les minoritaires ont écrit une lettre très explicite pour le défendre, alors même qu'ils n'ont pas voix au chapitre concernant Akira. Mais certains sont troublés. Les sommes évoquées par Margarita les ont stupéfiés. Même auprès d'eux, l'image du dirigeant est un peu écornée. « Le dossier n'est pas totalement clair du côté de Veyrat, admet un membre de la famille. Ceci dit, il fallait le soutenir, c'était le choix de Robert. Peut-être qu'il a pensé qu'il pourrait être plus qu'un dauphin. Mais le fait est qu'il le pouvait. » Les minoritaires se résignent donc, un peu à contrecœur, à le voir quitter la fondation. Et formulent quelques conditions : il faut l'inciter à rester dirigeant opérationnel du groupe, mais cela ne doit pas coûter trop cher. Et surtout, il faut le remplacer dans Akira par « quelqu'un de raisonnable et de bon sens ». Margarita accepte. Maintenant qu'elle a gagné une manche, elle est prête au compromis.

Les actionnaires acceptent ainsi de payer la première tranche du plan d'intéressement de Jacques Veyrat. Son plan prévoyait en effet qu'il touche l'équivalent de 5 % du capital créé entre 2007 et 2012, avec un versement en deux tranches. A l'été 2010, il possède donc virtuellement environ 2 % du groupe. Ses parts sont rachetées par la société, et un nouveau plan, plus court, mais mieux-disant, est mis en place. C'est le prix à payer pour obtenir son départ. Il octroie à Veyrat 6,5 % de Louis Dreyfus SAS, le holding intermédiaire dont il est actionnaire.

Reste à s'entendre sur les nouveaux trustees. Margarita a déjà son idée sur la question. Elle n'a pas attendu le départ de Veyrat et Maris pour approcher des candidats éventuels. Antoine Frérot, qu'elle a rencontré au printemps, est une nouvelle fois appelé à la rescousse. Ce dernier accepte volontiers, par amitié, tant pour Robert que pour sa veuve. Bien intentionné, il trouve son combat juste et légitime. Et surtout, il veut défendre les racines françaises du groupe, dont le destin semble alors un peu incertain. Comme l'eau, premier métier de Veolia, les denrées agricoles constituent un enjeu stratégique pour l'alimentation de la planète dans les vingt prochaines années. Une dimension à laquelle le dirigeant est sensible.

Ancien chercheur, cet homme à la fois cordial et cérébral est souvent présenté comme l'exact opposé de son prédécesseur Henri Proglio, impulsif, un brin autoritaire. Cette complémentarité leur a permis de cohabiter harmonieusement chez Veolia pendant plus de vingt ans. Ses qualités de diplomate et son caractère légitimiste font de lui le candidat idéal pour Louis Dreyfus. Même s'il a été choisi par Margarita, il est accueilli avec soulagement par la famille, avec l'espoir qu'il parvienne à mettre un peu de liant dans ce conflit qui s'enlise.

Quant au troisième protecteur, il a lui aussi déjà été approché quelques semaines plus tôt. Fin mai, Margarita a rencontré le banquier David de Rothschild, le président de la banque d'affaires du même nom, lors d'un dîner chez Laurent, organisé par Mehdi El Glaoui. Elle lui a expliqué sa situation, les deux protecteurs qui décident sans elle, le dialogue compliqué avec la famille... « Je me battrai jusqu'au bout », l'a-t-elle prévenu. Bluffé par tant d'opiniâtreté, David de Rothschild concède que le dispositif qui protège alors ses intérêts est curieusement conçu. « Cela ne pouvait pas rester en l'état dans la durée », admet-il.

David de Rothschild ne connaissait pas Robert Louis-Dreyfus. Mais les liens entre les deux familles sont anciens, même si les premiers sont des banquiers et les seconds des marchands de grains. David de Rothschild a la réputation d'être un homme de compromis. Et il sait que le premier actif d'une entreprise familiale, c'est un patronyme. Un patrimoine auquel les sœurs et cousins de Robert sont attachés comme à la prunelle de leurs yeux. Aussi, quand ils entendent Margarita prononcer son nom, ils sont non seulement rassurés, mais font de sa nomination une condition au départ de Veyrat.

Le baron sexagénaire trouve là l'occasion de jouer le rôle dans lequel il excelle, celui de médiateur. A la tête de Rothschild & Cie depuis trente ans, cet homme consensuel, respecté à Paris comme à Londres, est rompu à la gestion des conflits entre divas. Il a le don de faire cohabiter les ego extraordinaires des banquiers d'affaires, derrière lesquels il s'efface bien volontiers. « Le secret du succès, c'est de s'entourer de gens plus intelligents que soi », a-t-il coutume de dire en souriant. A la tête d'une entreprise familiale, il comprend aussi ce que sont les guerres de succession, lui qui prépare la sienne depuis près de dix ans. Entre la veuve qui veut prendre le pouvoir et le dirigeant qui veut le garder, il saura être le médiateur. N'est-il pas l'un des rares à entretenir encore de bons rapports avec les deux ?

Cette mission, il l'accepte avec d'autant plus d'empressement que c'est l'occasion pour sa banque de prendre la place de Lazard, rivale historique. Un détail certes, mais qui n'a rien de désagréable. David sait aussi qu'il y a un risque à cumuler les fonctions de protecteur et de banquier d'affaires. Mais le vieux sage est habile et rodé. Sa maison jongle en permanence avec des mandats provenant de clients concurrents. Rothschild a travaillé pour François Pinault et pour Bernard Arnault, pour la Société Générale et le

Crédit Agricole, pour Carrefour et Casino. Il pense pouvoir se tirer sans encombre de l'exercice en ménageant les intérêts de sa maison et ceux du groupe Louis Dreyfus. D'autant que son arrivée est plébiscitée par tous, y compris Jacques Veyrat, rassuré que le choix de Margarita se soit porté sur lui. Il a, du coup, promis que si le groupe venait à s'introduire en Bourse, Rothschild serait mandaté pour s'occuper d'une partie du montage.

Soucieux de préserver les intérêts des uns et des autres, et sous la pression des actionnaires minoritaires, David de Rothschild prend plusieurs engagements. Il accepte notamment de protéger Jacques Veyrat avec une clause dite de « good leaver, bad leaver ». Ce type de clause fixe généralement les conditions d'exercice des stock-options de dirigeants sur le départ, selon que ceux-ci ont commis une faute (« bad leaver ») ou non (« good leaver »). Dans ce cas précis, elle prévoit que la fondation Akira ne puisse pas révoquer Jacques Veyrat de ses fonctions de dirigeant du groupe sans l'accord de David de Rothschild. De son côté, Margarita s'engage, elle aussi, à ne pas voter contre lui en pareille circonstance. Une double ceinture de sécurité pour Jacques Veyrat. Avec la garantie formelle du soutien de deux des trois membres d'Akira, il se croit à l'abri.

Le tout est signé à l'issue d'une négociation marathon à 2 heures et demie du matin le 10 juillet 2010. Dans la salle de réunion, il n'y a que du beau monde ce soir-là. David de Rothschild, Antoine Frérot,

Jacques Veyrat, Jean-Michel Darrois... L'avocat a lui aussi milité pour le choix de David de Rothschild, qu'il connaît bien. Sa femme, la photographe Bettina Rheims, est une parente du banquier. Du coup, il l'appelle familièrement « tonton ». Ce qui les amuse beaucoup tous les deux.

Quelles options pour LD ?

Ni David de Rothschild, ni Antoine Frérot n'ont idée du bourbier où ils ont mis les pieds. La guerre que se livrent Margarita Louis-Dreyfus et Jacques Veyrat n'a rien d'ordinaire. « Ce truc-là, c'est radioactif », avertit un banquier à l'époque. Quelques semaines après le cessez-le-feu de l'été 2010, que chacun a fait mine de bien vouloir respecter, l'un et l'autre ne tardent pas à reprendre les armes.

Le 22 septembre 2010, une fuite dans *Le Figaro* met le feu aux poudres. Sur une pleine page, le quotidien titre « Louis Dreyfus envisage d'entrer en Bourse ». Colère de Margarita, qui y voit la patte de Jacques Veyrat. L'information est d'autant plus inattendue qu'il n'est presque jamais question du groupe dans les journaux. De l'OM et de Margarita, parfois, mais de Louis Dreyfus, jamais.

Pour elle, c'est certain, Veyrat cherche à nouveau à la mettre au pied du mur. L'introduction en Bourse, elle n'en veut pas et il le sait. Robert ne voulait pas en entendre parler, ce serait presque une raison suffisante à ses yeux, s'il n'y en avait de plus objectives. Comme lui, Margarita estime que l'industrie du négoce est trop cyclique pour se soumettre à la loi des marchés. Surtout, elle est convaincue que le négoce traverse une bulle, comme Internet dans les années 2000. Si la bulle éclate, s'il faut remettre de l'argent, elle n'aura pas les moyens de garder le groupe. L'industrie lui semble trop spéculative, et elle pense préférable de s'allier avec un groupe plus gros.

En outre, une cotation ne réglerait pas réellement la question des minoritaires, qui auraient certainement un « lock-up », une clause les empêchant de vendre leurs titres pendant un ou deux ans. Elle devrait alors continuer à composer avec eux alors qu'elle n'en a pas envie. La cotation fait aussi peser trop d'incertitudes sur le prix des parts de minoritaires : si l'action monte, elle devra débourser beaucoup d'argent. Et cela lui fait peur.

En réalité, même si les travaux se poursuivent officiellement, le projet n'a aucune chance d'aboutir. Plus Veyrat pousse pour la cotation, plus Margarita s'entête dans la direction opposée. Une situation conflictuelle qui fait tant de bruit qu'elle finit par attirer l'attention des concurrents. Le marché est en pleine consolidation, Louis Dreyfus est un très joli nom, qui a de belles positions. Il y a peut-être un coup à jouer. C'est ainsi que peu après, à la surprise générale, le nom de Glencore est un jour évoqué.

Glencore, c'est un peu le Goldman Sachs du négoce. Une firme très rentable, à la réputation sulfureuse, dont la discrétion absolue alimente beaucoup de fantasmes. Une armée de traders anonymes et disséminés, redoutables, très informés, et dont les concurrents estiment qu'ils défendent mieux leurs propres intérêts que ceux de leurs clients. De son vivant, Robert Louis-Dreyfus les tenait à distance. « Il les considérait un peu comme des cow-boys », dit un ancien dirigeant.

Sa réputation controversée, Glencore la doit en partie à Marc Rich, son fondateur. Cet Américain richissime a bâti une grande partie de sa fortune en contournant l'embargo décrété par les Etats-Unis sur le pétrole iranien pendant les années 1980. Ce qui lui valut pendant un temps de figurer parmi les dix fugitifs les plus recherchés par le FBI, avant d'être gracié par Bill Clinton, au dernier jour de son mandat. La légende veut qu'il ait même échappé à deux tentatives d'enlèvement par les services secrets américains.

Réfugié en Suisse, il a domicilié sa société dans le canton de Zoug, l'un des plus riches du pays, réputé pour ses collines pittoresques et son cadre fiscal très accueillant. Fonds, gestionnaires de fortune, négociants et officines en tout genre cohabitent harmonieusement dans cette bourgade située à moins d'une demi-heure de Zurich. Marc Rich, dont le patrimoine dépasse aujourd'hui les 2 milliards de dollars à en croire la presse américaine, a fini par vendre ses parts dans la société en 1994. Si bien que son nom ne figure plus dans l'organigramme de l'entreprise, qui préfère d'ailleurs ne pas s'y référer.

Mais fin 2010, le pétrole iranien semble bien loin, et les investisseurs attendent avec convoitise ce qui doit être l'opération phare de l'année : la cotation de Glencore, programmée pour le mois de mai l'année suivante. Les matières premières sont en plein boom, et peu de négociants de ce calibre sont cotés. A la différence de Louis Dreyfus, Glencore est un spécialiste des métaux, moins volatils car moins dépendants des intempéries. Pour les investisseurs, c'est une occasion unique de capturer un peu de la croissance exceptionnelle de ce marché. En mai 2011, l'entreprise sera estimée autour de 60 milliards d'euros. Une opération « jumbo[1] », comme en rêvent les financiers : celle-ci mobilise pas moins de dix-huit banques !

Tout occupé à préparer sa mise en Bourse, Ivan Glasenberg, le patron de Glencore, n'a toutefois rien perdu des mésaventures de la maison Louis Dreyfus. Ce Sud-Africain austère de 53 ans, costume gris et gros sourcils, illustre bien la culture de l'entreprise : adepte du sport à haut niveau comme tous les traders de Glencore, il travaille sept jours sur sept, passe une bonne partie de son temps dans l'avion, est très riche et n'aime pas trop qu'on s'intéresse à lui. Jusqu'à l'opération de cotation, il n'a d'ailleurs jamais

1. Un « jumbo deal » est une très grosse opération, dans le jargon des banquiers.

donné d'interview à la presse, au point que le magazine *Bilanz*, qui dresse chaque année la liste des personnalités les plus riches de la confédération, ne connaissait même pas son existence[1] ! En revanche, il a beaucoup d'ambition pour l'entreprise. Et pour cause : il en possède, à titre personnel, près de 9 %.

Pour un trader aguerri comme lui, la situation de Louis Dreyfus est une affaire qui se regarde. Comme la plupart des négociants qui tournent alors autour de la vieille maison française, il imagine sans doute pouvoir ne faire qu'une bouchée de la veuve en détresse. L'union de Louis Dreyfus avec le géant des métaux serait un très beau coup : Glencore cherche depuis longtemps à grossir dans les « soft commodities », les matières premières agricoles, son point faible. « LD » pourrait ainsi devenir une des branches spécialisées du géant.

Glasenberg sait que la veuve de Robert Louis-Dreyfus, un peu paniquée, envisage de vendre. Il envoie quelques signaux. Ivan Glasenberg et Margarita Louis-Dreyfus se connaissent de loin. Le patron de Glencore vit à Zurich, ils se sont déjà croisés à l'Opéra. Très vite, un dîner est organisé.

Habilement, le dirigeant accorde à Margarita l'attention qu'elle ne trouve pas chez Veyrat, et elle y est sensible. Il lui promet monts et merveilles. Elle n'est pas dupe, mais elle est aimable, elle écoute, demande

1. Marc Roche, *Le Capitalisme hors la loi*, Albin Michel, 2011.

des conseils, joue la veuve ignorante et se laisse séduire. « Pourquoi pas ? Je préfère 20 % de Glencore que 100 % de Louis Dreyfus », lâche-t-elle un jour. Elle est convaincue que la maison familiale n'est pas viable en l'état, alors que Glencore, c'est insubmersible. Elle serait certainement plus tranquille, et n'aurait pas besoin de s'occuper du management.

La banque Credit Suisse, qui s'occupe désormais des affaires de Margarita, est aussi l'une des dix-huit banques de Glencore. Elle est chargée de creuser l'hypothèse d'un mariage. Jacques Veyrat, très réservé sur ce scénario, dans lequel il n'aura pas sa place, ne participe même pas aux discussions. Des prix sont échangés, un schéma est arrêté. Glencore absorberait la filiale de négoce LD Commodities, et la famille, via le holding de tête de Louis Dreyfus, deviendrait ainsi actionnaire direct de Glencore. L'activité de négoce de Louis Dreyfus, dont la valeur ne cesse de croître, est estimée à quelque 12 milliards de dollars, soit 10 à 20 % du groupe post fusion. Il y a une fenêtre de tir à saisir avant la cotation de Glencore, prévue en mai. Mais il faut faire vite.

Pris entre deux feux, David de Rothschild et Antoine Frérot sont sceptiques. Une fusion avec un concurrent, nécessairement étranger, effacerait définitivement les racines françaises du groupe, ainsi que son nom dans l'industrie du négoce. Certes, Margarita serait actionnaire d'un ensemble plus grand et plus puissant. Mais comment faire entendre sa voix avec 10 ou 20 % de Glencore ? Et la famille ne cache pas ses inquiétudes : la réputation du négociant en métaux leur fait peur. La perspective de ce rapprochement alerte jusqu'au secrétaire général de l'Elysée, Claude Guéant, qui finit par décrocher son téléphone pour s'enquérir du risque que ces discussions feraient peser sur d'éventuels intérêts français.

A tous, la Bourse semble une meilleure idée. David de Rothschild estime qu'elle préserverait l'indépendance du groupe, et son nom. Quant à Antoine Frérot, plus circonspect, il finit lui aussi par se ranger derrière ce schéma. L'environnement va rester favorable aux matières premières agricoles, une cotation pourrait permettre de valoriser cette dynamique. Margarita, elle, commence alors à douter de ses protecteurs. La cotation, c'est l'idée de Veyrat, pas la sienne. « Je ne comprends pas comment ça marche ici... » dit-elle un jour à l'un de ses conseillers.

Le projet de fusion avec Glencore n'ira pas plus loin que les précédents. Calendrier trop serré, réserves des minoritaires, désaccord sur le prix... Plusieurs prétextes sont avancés. En réalité, cette nouvelle tentative avortée est comme toutes les autres : « un épiphénomène entre le début et la fin de l'histoire », dit un proche des discussions. La fin ? Elle est désormais de plus en plus claire. C'est le départ de Veyrat.

La « blitzkrieg »

Pendant ce temps, un autre combat se livre en coulisses. Henri Proglio, le PDG d'EDF, n'a pas perdu une miette des affaires de la maison Louis Dreyfus depuis qu'Antoine Frérot y a été appelé. Critiqué depuis des mois pour avoir conservé son mandat de président de Veolia tout en allant chez EDF, Proglio vient d'annoncer à contrecœur qu'il renoncerait à sa « double casquette » à la fin 2010. Mais il a du mal à couper les ponts avec son ancienne maison, et a une fâcheuse tendance à marquer son successeur Antoine Frérot à la culotte. La nomination de son dauphin au poste de protecteur du holding familial de Louis Dreyfus en juillet 2010 l'a rendu fou de rage. Pourquoi Antoine Frérot pourrait-il cumuler ces fonctions alors qu'on le prive, lui, de ce privilège ? Il a le sentiment d'avoir été trahi.

Alors il menace, déjeune avec Jacques Veyrat, fait un chantage terrible à son successeur pour le pousser à quitter ce poste honorifique. Antoine Frérot, qui estime que le jeu n'en vaut pas la chandelle, finit par abandonner la partie. Trois mois après avoir accepté le poste, il renonce. Pour s'assurer que Margarita ne reste pas au milieu du guet, il propose de repousser son départ au mois d'avril de l'année suivante. Mais elle ne veut pas attendre. Elle est déçue et estime qu'il a renoncé un peu vite alors qu'elle avait besoin d'être protégée. Elle lui propose donc de rester au conseil de surveillance du groupe, mais veut qu'il quitte la fondation tout de suite. Antoine Frérot est remplacé par Mehdi El Glaoui, son fidèle conseiller, qui a pris au fil du temps une importance croissante auprès d'elle et dans le groupe.

Début novembre, quelques fuites sont distillées à tout hasard dans la presse. Elles annoncent le départ d'Antoine Frérot de la fondation Akira. Antoine Frérot n'en est pas à l'origine, pas plus que Margarita, et le premier apprécie moyennement le procédé. Alors qui ? Est-ce un moyen pour Henri Proglio d'accentuer encore un peu plus la pression sur Frérot ? De s'assurer qu'il respecte sa promesse de partir, en la rendant publique ? Officiellement, il sera dit que la mission chez Louis Dreyfus était trop chronophage, et l'empêchait de se concentrer sur Veolia. Les mêmes arguments seront évoqués pour expliquer la démission de David de Rothschild quelques mois plus tard. En réalité, un événement viendra précipiter la rupture.

Le 11 février 2011, c'est la « blitzkrieg », terme utilisé par un conseiller de Margarita. L'ultime fait d'armes de cette dernière avant son couronnement. Ce jour-là, le conseil de surveillance du groupe se réunit au siège de Louis Dreyfus Holding, à Amsterdam. Presque tout le monde est là. Des plateaux-repas ont été commandés par Margarita, comme à son habitude. Lorsque la réunion se termine, elle nettoie d'ailleurs la table elle-même, afin d'éviter que des miettes ne viennent encombrer les documents de travail.

Margarita prend tout le monde de court, et inscrit à l'ordre du jour du conseil de surveillance du groupe... le départ de Jacques Veyrat de ses fonctions de président. Rien de moins ! La femme de pouvoir n'est jamais très loin derrière la maîtresse de maison. Quelques jours plus tôt, elle a obtenu l'accord d'Akira, dont elle a désormais le contrôle. David de Rothschild s'est abstenu. Il est embarrassé par cette initiative, qu'il n'a pas pu éviter. Pourtant, cela fait des semaines qu'elle aborde le sujet, inlassablement. C'est une question de gouvernance : ce poste doit revenir à un représentant de l'actionnaire majoritaire, comme dans n'importe quelle entreprise.

Au sein du conseil, c'est la stupéfaction. Ni David de Rothschild, ni Antoine Frérot n'avaient imaginé qu'elle les placerait si vite au pied du mur. Elle tente à l'évidence de passer en force, ce qui leur déplaît. D'un naturel plutôt calme, Antoine Frérot préfère rendre son tablier, malgré l'affection qu'il a pour Margarita, et quitte le conseil sur-le-champ. Après tout, qu'a-t-il à gagner à rester ? Louis Dreyfus lui prend du temps et ne lui rapporte rien.

En porte-à-faux, David de Rothschild choisit lui aussi de démissionner de ses fonctions de protecteur. Au fond, aucun des deux n'est vraiment opposé à ce qu'elle demande. Mais son obstination les fatigue. Quand elle veut quelque chose, elle remet le sujet sur la table jusqu'à ce qu'elle l'obtienne, et n'écoute qu'elle-même. « Quand elle a la rage au ventre et le pied sur l'accélérateur, mieux vaut ne pas mettre son vélo en face de sa voiture », résume l'un d'eux.

Le jour même, Margarita prend la présidence du conseil. Inflexible, elle se moque de la mauvaise publicité que peut lui procurer le départ de deux personnalités aussi éminentes. Selon plusieurs sources, elle leur demande même de signer une lettre de démission en blanc, non datée, dont elle pourra faire l'usage qu'elle souhaite – ce qu'elle conteste. Les intéressés sont stupéfaits. Comment ose-t-elle proposer une chose pareille ?

Margarita n'a peur de rien. Ni d'arriver avec son chien dans une réunion importante, ni d'appeler sa belle-sœur dans le bureau d'Antoine Frérot. Sa prétendue méconnaissance du code de bonne conduite dans les affaires est devenue sa signature. Elle sait parfaitement l'utiliser, à la fois pour justifier ses extravagances et pour se protéger. Mais plus grand monde, désormais, ne se fie à sa naïveté et son air d'enfant de chœur.

Dans les semaines qui suivent, un quatrième couple de protecteurs d'Akira est donc désigné. C'est George Treuer, un homme d'affaires suisse, présenté comme un ami de la famille, qui rejoint Mehdi El Glaoui dans la fondation. Margarita envisage d'abord de faire siéger le fils de George Treuer, mais celui-ci est aussi son banquier chez Credit Suisse et travaille pour la société. On risquerait de l'accuser de conflit d'intérêts. Ce qui, avec le recul, n'aurait pas manqué de saveur.

Moins de deux ans après le décès de Robert, la fondation Akira est désormais gouvernée par des proches, à qui Margarita peut faire confiance « les yeux fermés », comme elle le dit. « Des gens aux ordres », diront ses détracteurs. Quant aux minoritaires, ils sont effondrés. Et amers. Ils trouvent que David de Rothschild et Antoine Frérot ont cédé un peu vite. Certes, l'édifice était bancal. « L'idée qu'on pouvait mettre durablement Margarita dans un aquarium de verre, acceptant que son destin soit décidé par les minoritaires et deux protecteurs, c'était contre nature ! » dit un ancien protecteur. Mais ils sont inquiets. Qui fera désormais barrage à Margarita ?

Un départ à 360 millions de dollars

Le jour où Jacques Veyrat quitte la présidence du groupe, le décompte final commence. Son départ de Louis Dreyfus n'est désormais qu'une affaire de semaines.

Deux mois plus tard, le divorce est officialisé dans un entretien croisé aux *Echos*. « Je pensais que je resterais dans le groupe jusqu'à ma retraite ! » admet alors Jacques Veyrat. Margarita et lui posent côte à côte pour la seule et unique photo où ils apparaissent ensemble. Hors-champ, Vincent Labrune se tient sur le côté, portant sur ses genoux le petit chien dont Margarita ne se sépare jamais.

La question que tout le monde se pose alors dans Paris, c'est « combien ? ». Le plan d'intéressement de

Veyrat, qui n'a jamais été rendu public, suscite toutes sortes de fantasmes. Son pactole dépasse de loin les plus beaux « packages » des dirigeants du CAC 40, et même ceux de Wall Street. Du coup, les discussions entre avocats, à couteaux tirés, dureront plusieurs mois. De grands noms de la place sont appelés en renfort. Du côté de Jacques Veyrat, les équipes de Bredin Prat s'activent, tandis que Margarita fait travailler les avocats de Clifford Chance. Chaque virgule des accords est passée à la loupe, au cours des multiples réunions qui se tiennent près de la place Vendôme, ou dans les bureaux du groupe, rue Kepler.

Les sommes en jeu se chiffrent en centaines de millions de dollars, pour un seul individu et pour seulement deux ans de présidence. Ses quelques pour-cent du holding LD SAS valent une petite fortune, à la mesure de celle qu'il a fait gagner au groupe. Ils sont indexés sur la valeur de l'entreprise, qui n'a cessé de croître. Sur le papier, leur valeur comptable est estimée à 320 millions de dollars. « Je n'irai pas au-delà », a prévenu Margarita. 320 millions de dollars, cela représente dix-sept fois le parachute doré d'Antoine Zacharias, l'ancien dirigeant de Vinci, avant qu'il ne soit condamné au pénal.

Mais Jacques Veyrat, réputé très dur en négociations, n'entend pas s'arrêter là. Il estime valoir plus que cela. D'autant que s'il était resté jusqu'en octobre, il aurait pu récupérer 1,5 % du capital en plus. « En gros, il voulait 500 millions de dollars, raconte un conseiller de Margarita en levant les yeux au ciel. Il voulait plus que ce qu'il a obtenu. Plus, toujours plus... » Jacques Veyrat méprise profondément la partie adverse, à qui il veut arracher le plus d'argent possible, autant par vengeance que par orgueil. Jusqu'au dernier jour, il ferraille, ne lâche rien. En face, Margarita a elle aussi donné des consignes à ses conseillers. A l'issue de la bataille, il obtiendra 40 millions de dollars de plus. 360 millions de dollars au total. Tout en criant au scandale. « Elle ne lui a versé que la moitié de ce qu'elle lui devait », indique un de ses proches.

La limite du plan de Jacques Veyrat, c'est que sa participation est calculée sur la base de la valeur comptable de l'entreprise, et non en valeur de marché. Le calcul lui est défavorable : la valeur comptable du groupe, estimée sur la base de ses actifs, est alors inférieure à 5 milliards de dollars, tandis que sa valeur de marché, chiffrée lors des différents travaux menés par les banquiers, est deux fois plus élevée.

Un accord est signé tout début juillet. Les parties ont finalement transigé, en mélangeant des actifs et du cash. Au lieu de toucher 320 millions de dollars en numéraire, le dirigeant part avec des morceaux du groupe préalablement dotés d'une copieuse trésorerie, d'environ 180 millions de dollars.

L'ancien dirigeant récupère ainsi les 39 % du groupe dans l'opérateur Direct Energie, 52 % de l'opérateur d'énergies renouvelables Neoen, et une partie d'un fonds d'investissement de l'empire, nommé LDIG. Ces sociétés reprises par Jacques Veyrat sont symboliquement déjà un peu les siennes. Il s'agit d'investissements qu'il a lui-même fait faire à Louis Dreyfus. Homme de coups, il croit à la déréglementation du marché de l'électricité, et se voit bien réitérer l'exercice des télécoms dans l'énergie avec Direct Energie. Mais Margarita est beaucoup plus sceptique que ne l'était Robert sur ces développements. Elle les juge trop risqués, trop loin du métier d'origine du groupe, et trouve que Direct Energie a perdu bien assez d'argent depuis sa création.

Elle n'est donc pas mécontente de s'en défaire, d'autant que leur valeur a été un peu surestimée dans l'accord. Un détail qui a son importance dans la perspective d'une revente à moyen terme. Mais Veyrat, qui est déjà très impliqué dans leur gestion au quotidien, a son idée sur la façon de les faire prospérer.

En plus de ces actifs, il récupère un morceau du fonds LDIG, investi dans les produits de dette et de crédit. Les équipes dédiées à sa gestion sont constituées d'anciens de Neuf Telecom et sont des proches du dirigeant. Elles ont notamment eu le nez de racheter aux banques à prix très décoté des crédits structurés au pic de la crise du « subprime », produits qui se sont revalorisés depuis. Le fonds a été rebaptisé Eiffel Investment et gère aujourd'hui 300 millions d'euros. Les nouveaux actifs de Veyrat sont logés dans le holding LD SAS, rebaptisé Impala, coquille qui avait abrité sa participation dans le groupe Louis Dreyfus.

Aussi douloureuse fût-elle, l'aventure Louis Dreyfus aura en tout cas fait la fortune de Jacques Veyrat. La vente de Neuf Telecom lui aura permis d'empocher 140 millions d'euros, son départ environ 360 millions de dollars, soit 250 millions d'euros. Autant que certains actionnaires familiaux de la maison Louis Dreyfus. De quoi réaliser une ou deux belles acquisitions, et être son propre patron, ce à quoi il aspire le plus après deux années passées auprès de la veuve volcanique. Mais, à tout juste 50 ans, le dirigeant peut-il vraiment se contenter de gérer son fonds d'investissement ? D'autres que lui semblent en douter. Quelques mois après son départ de Louis Dreyfus, son nom est cité comme successeur possible à Antoine Frérot chez Veolia, alors fragilisé. Ironie du sort. Certains y ont vu, là encore, une manœuvre d'Henri Proglio.

Le dirigeant quitte le groupe le 2 juillet 2011. Les deux années de conflit qui s'achèvent l'ont épuisé. Curieusement, il a cru presque jusqu'au bout qu'il parviendrait à sauver sa tête. Il est vrai qu'il avait toutes les cartes en main : intronisé par Robert, il avait l'appui des Louis-Dreyfus, pouvait compter sur de précieux parrains à Paris, et affichait un parcours sans faute. Rationnellement, il devait l'emporter. En face, il y avait une femme inconnue, ignorante et sans statut. Cette poupée russe aurait dû se contenter du peu qu'elle avait. Profiter de sa fortune et mener une existence oisive. Laisser les manettes à celui que son mari avait choisi. Elle a opté pour la voie la plus improbable, et la moins simple pour elle. Personne n'a vu la détermination de l'orpheline russe au visage d'ange. « Je peux aller très loin quand je vois une injustice », admet-elle en sirotant une verveine, confortablement installée sur la banquette moelleuse et satinée de l'hôtel Bristol. Robert la connaissait-il aussi bien qu'il le croyait pour la cantonner à un rôle de figurante ? Était-ce l'erreur d'analyse d'un homme, déjà malade, qui s'est trouvé pris par le temps ?

Non, répondent unanimement plusieurs témoins. Margarita n'est pas une calculatrice froide et résolue qui avait soif de pouvoir et attendait son heure. « Elle n'attaque pas, mais elle se défend, juge Vincent Labrune. Quand on n'est pas clair avec elle, quand on l'attaque, la riposte est nucléaire ». Contrairement à ce que pensent encore certains membres de la famille, pour qui « elle avait un plan depuis le début », Margarita n'avait pas vraiment prévu de prendre le pouvoir, pas plus que Jacques Veyrat n'a essayé de la déshériter. En revanche, « elle voulait qu'on la traite comme la propriétaire, dit un de ses proches. Elle n'avait pas envie de s'occuper du groupe, mais quand même un peu ». Aurait-elle pu se satisfaire d'être simple actionnaire ? De suivre le groupe à distance, une fois par mois, lors des conseils de surveillance sans être davantage impliquée ? Difficile à imaginer. Les seconds rôles, Margarita ne les tolère que si c'est elle qui choisit à qui confier le rôle principal. Et même dans ces cas-là, il n'échappe à personne que le chef, c'est elle.

UN PARISIEN À L'OM

A Marseille non plus, Margarita ne lâche rien. Alors qu'elle ferraille avec Veyrat par avocats interposés à Paris, elle est régulièrement interpellée sur la situation financière de l'OM par ses avocats et conseillers. Outre les performances sportives du club, décevantes par rapport à l'année précédente, c'est la dégradation des comptes qui l'inquiète. Après un premier exercice déficitaire à l'été 2010, des pertes encore plus importantes se profilent à l'été 2011.

En juin, l'OM est dans le rouge de 15 millions d'euros, alors que de nouvelles échéances financières de 16 millions sont attendues, héritées des transferts de joueurs, et notamment du mercato de l'année 2010. Les salaires des recrues des deux années précédentes s'avèrent supérieurs aux sommes annoncées. André-Pierre Gignac n'est pas rémunéré 150 000 euros, mais 320 000 euros par mois, soit l'un des salaires les plus élevés du championnat. Et les recrutements de l'année 2009 ont révélé de mauvaises surprises. « Lucho Gonzalez n'avait pas coûté

18 millions d'euros comme on l'a dit à l'époque, mais 21 millions, car il y avait des primes conditionnelles ! » explique un conseiller de Margarita.

Résultat, la masse salariale continue de croître, malgré les rappels à l'ordre de Margarita. Comme nombre de dirigeants de l'OM, Jean-Claude Dassier et Antoine Veyrat n'ont pas su résister à la pression ambiante incitant à acheter des joueurs et se sont laissé griser par les succès du club. « C'est toujours la même histoire, dit un bon connaisseur de l'OM. A Marseille, c'est très difficile de ne pas succomber à la surexposition médiatique. Dans la rue, on vous acclame, on vous salue, on vous arrête pour vous prendre en photo... » Jean-Claude Dassier, qui s'entend mal avec l'entraîneur Didier Deschamps qu'il rend en partie responsable des recrutements, dira plus tard avoir obtenu l'accord du conseil de surveillance et des comptables du club sur les transferts.

Mais des erreurs de jugement lui sont aussi reprochées. Notamment d'avoir laissé partir le défenseur Taye Taiwo au Milan AC en mai 2011, sans que le club ne touche un centime. Le joueur n'a pas voulu prolonger son contrat avec l'OM pour des raisons financières, et est donc parti librement, alors que le club aurait pu toucher plusieurs millions d'euros. Autre impair, l'annonce du recrutement de Loïc Rémy pour 15 millions d'euros, rendue publique avant que la visite médicale ne révèle une anomalie cardiaque.

Malgré une nouvelle victoire en Coupe de la Ligue en avril, Margarita décide de trancher dans le vif. Le jeudi 9 juin 2011, un conseil de surveillance extraordinaire est convoqué au cabinet de Jean-René Angeloglou, l'expert-comptable du club et l'homme des comptes de Robert depuis des années installé en bas des Champs-Elysées. Le matin même, à Marseille, a eu lieu l'inauguration du chantier de rénovation du stade Vélodrome dans la perspective de l'Euro 2016, où Jean-Claude Dassier et Antoine Veyrat ont été encensés par Jean-Claude Gaudin, le maire de Marseille, ainsi que par quelques grands patrons et notables locaux.

L'après-midi, le conseil est presque au complet, Margarita est venue avec son chien. Vincent Labrune, qui le préside, dresse la liste des reproches adressés aux deux dirigeants : gestion du budget et des recrutements, distribution de primes imprévues, non-respect des engagements... Le bilan de Dassier est passé au peigne fin. Alors que Vincent Labrune passe la parole à Jean-René Angeloglou pour la lecture des comptes, Antoine Veyrat le coupe. « Pas la peine de continuer, ce n'est pas sérieux, le procès est instruit d'avance. » Les deux hommes se défendront à peine. A 14 h 30, ils sont débarqués. « Je suis désolée », dira simplement Margarita à Jean-Claude Dassier en sortant de la réunion. Le contrat de Dassier, qui court normalement jusqu'en 2012, est interrompu. Celui de Didier Deschamps est, en revanche, prolongé jusqu'en 2014. Quant à Antoine

Veyrat, il fait en partie les frais du conflit qui oppose son frère à la propriétaire.

L'éviction de Jean-Claude Dassier est l'occasion d'une vaste refonte de la gouvernance du club, qui devient une société à conseil d'administration, avec un seul représentant de l'actionnaire : Vincent Labrune. Désormais, c'est lui et lui seul qui prend les décisions. Objectif? Faciliter une gestion plus resserrée des finances du club. Margarita et lui se donnent trois ans pour redresser les comptes et apurer la dette. En 2014, pour l'inauguration du nouveau stade, l'OM doit être en ordre de marche. La direction générale est confiée à Philippe Perez, un expert-comptable proche de Labrune, ancien de la société de production de Jean-Luc Delarue. Margarita accepte par la même occasion de réinjecter 20 millions d'euros pour renflouer la trésorerie du club et permettre à l'OM de ne pas vendre ses meilleurs joueurs et de rester compétitif. Vincent Labrune, déjà identifié comme l'émissaire de Margarita à l'OM, entre désormais en pleine lumière.

A Marseille, sa nomination suscite, comme toujours, beaucoup de commentaires. Il y est accueilli comme l'homme de main de Margarita, et le Parisien de service. Contrairement à Jean-Claude Dassier, Labrune choisit de ne pas s'installer sur place, et préfère gérer le club depuis Paris, quitte à faire plusieurs allers-retours dans la semaine. Une façon de mettre un peu de distance entre lui et l'écosystème marseillais, et d'assurer sa sécurité, même si, au final, il n'est pas moins présent que ses prédécesseurs. Les Marseillais raillent volontiers son « côté showbiz » et ses relations haut placées. Des proches racontent que lors d'un dîner, il a discuté foot avec Nicolas Sarkozy.

« Appelez-moi si vous avez besoin, lui a dit ce dernier.

— La réciproque est vraie ! » a rétorqué Labrune en plaisantant, devant une assemblée médusée.

Son aplomb énerve, son succès dérange. Louis Acariès l'accuse d'avoir pris la place de Dassier pour servir son activité de conseil en communication. En réalité, sa popularité à Marseille, Labrune n'en a cure. Le nouveau président de l'OM dit d'emblée ne pas être là pour faire de la politique, mais introduire un peu de rigueur dans la machine. Sa feuille de route, il la connaît par cœur, pour l'avoir répétée inlassablement aux précédents présidents du club depuis 2008.

Les messages d'orthodoxie financière de la « tsarine » ont néanmoins toujours du mal à passer à Marseille. Les supporters se prennent à rêver d'un actionnaire prodigue comme le Qatar, qui vient alors de s'offrir le PSG, et dépense sans compter. Comme le dit l'ancien secrétaire général de l'OM et membre du conseil de surveillance, Pierre Dantin, au magazine *L'Expansion* en octobre 2010, « les supporters n'attendent pas d'un club de foot qu'il fasse des profits, mais qu'il nourrisse leur affect ».

A l'été 2011, Margarita décide de solder un autre dossier, moins visible, mais moins complexe, et surtout bien plus rentable. Elle profite de deux exercices successifs favorables, pour mettre en vente son autre club de football, le Standard de Liège. Le club wallon est nettement moins connu que l'OM en France, mais il a des finances à l'équilibre, et affiche de bonnes performances sportives. Robert Louis-Dreyfus avait acquis ce club un peu après avoir acheté l'OM, et était parvenu à en redresser les comptes en y injectant de l'argent, avant d'emporter quelques belles victoires, en championnat de Belgique notamment. Ce furent même les seuls trophées de « RLD » de son vivant. A Liège, Robert a fait ce qu'il n'a jamais réussi à faire à Marseille. « Sans doute une question de latitude », diront les commentateurs.

Ses conseillers suisses ont enjoint à Margarita de le céder après la mort de Robert. Si elle n'avait pas eu le temps de s'en occuper jusque-là, elle charge début 2011 son ami Reto Stiffler de trouver un acheteur. En juin, le Standard est cédé à un homme d'affaires belge, Roland Duchâtelet. Le prix n'est pas rendu public, mais s'élève, selon les médias belges, à 40 millions d'euros. Soit à peu près autant que ce que le Qatar a dépensé pour prendre le contrôle du PSG.

UNE FEMME CHEZ LOUIS DREYFUS

Mercredi 20 juin 2012. Au luxueux hôtel Park Hyatt de la rue de la Paix à Paris, ils sont tous là. Les deux sœurs de Robert, Monique et Colette, sa cousine Laure et son cousin Philippe Louis-Dreyfus. Au milieu des hommes d'affaires en transit et des touristes américains qui échangent dans la douillette salle à manger à l'épaisse moquette beige. Les conjoints et les enfants sont aussi venus. Les réunions de famille élargie sont rares. Ces derniers temps, elles avaient plutôt lieu dans les salles de conférences de cabinets d'avocats, ou par téléphone. Mais aujourd'hui, l'ambiance semble détendue. C'est presque l'été.

Seule Margarita manque à l'appel. Pourtant, c'est elle qui est à la manœuvre. Elle leur a demandé de venir pour assister, dans une des belles salles boisées du sous-sol de l'hôtel, à une présentation des activités du groupe dont ils sont actionnaires. C'est la première fois que l'entreprise organise une telle séance d'information pour eux. Depuis que Margarita a pris les pleins pouvoirs, les minoritaires suivent de plus près les affaires de la maison familiale. Plus aucun d'entre eux n'y travaille, conformément au souhait de Robert, mais ils veulent être mieux informés, et peser davantage face à la veuve de leur frère et cousin.

Quelques mois plus tôt, ils ont demandé à l'ancien directeur général de l'assureur-vie CNP, Gilles Benoist, de les conseiller et les représenter. Il siège aussi au conseil d'administration du holding LDH. Cet ancien haut fonctionnaire a eu dans sa vie l'habitude de composer avec des actionnaires parfois discordants. A la CNP, il en avait trois, dont les intérêts n'étaient pas toujours alignés, mais qui faisaient la pluie et le beau temps sur la stratégie de l'entreprise. Quelques banquiers de Goldman Sachs, flairant la bonne affaire, sont aussi venus proposer leurs services aux « minos », pour les négociations sur le capital qui reviennent désormais chaque été. Fin 2011, ils ont même offert de reprendre leurs parts.

Serge Schoen, le patron du négoce, a fait venir les principaux traders du groupe pour exposer aux Louis-Dreyfus les différentes activités. Il leur a demandé d'apporter avec eux des échantillons de produits que le groupe traite : soja, blé, coton, café, riz, huile, aux différents stades de leur transformation. Il veut leur montrer que le négoce est une activité très concrète. La plupart des Louis-Dreyfus ne connaissent le groupe que de façon touristique, et à travers les chiffres donnés en conseil de surveillance.

Nombre d'entre eux n'ont jamais visité une usine, ni rencontré un trader.

Margarita veut organiser une réunion de ce type chaque année. C'est la preuve de sa bonne volonté vis-à-vis de sa belle-famille. Et peut-être aussi une façon inconsciente de la tenir à distance. En réalité, elle conserve toujours pour elle l'information la plus stratégique. Et refuse que les « minos » siègent au conseil de la filiale de négoce, LD Commodities, le cœur du réacteur. Cette année encore, l'essentiel des profits du groupe y sera généré. Le négoce a dégagé 735 millions de dollars de bénéfices en 2011, pour un chiffre d'affaires de 60 milliards de dollars ! Certes, les performances ont un peu reculé, du fait d'une mauvaise année au Brésil, mais elles restent plus qu'honorables. Le négoce, c'est là qu'il faut être. Et Margarita est la seule représentante de la famille à y siéger. Elle-même n'y avait pas droit de cité du temps de Jacques Veyrat.

Désormais, le groupe est organisé autour d'elle. Un an plus tôt, après le départ du dirigeant, la nouvelle présidente a recentré la gouvernance de l'entreprise. Elle a supprimé l'étage intermédiaire où figurait Veyrat, pour ne garder que la présidence du holding familial LDH, qu'elle occupe maintenant. Le groupe n'a plus de patron exécutif supervisant l'ensemble des métiers. Les responsables des principales filiales traitent en direct avec elle : Serge Schoen pour le négoce et l'Américain William Reed pour l'énergie. Sur le papier, elle n'a qu'un rôle représentatif et ne s'implique pas dans les métiers. Mais dans les faits, elle contrôle tout. Elle continue d'ailleurs d'apparaître dès qu'une actualité concerne le groupe.

Margarita a aussi placé ses hommes de confiance dans l'organigramme, dont Mehdi El Glaoui, qui préside désormais la filiale de négoce, et est amené à prendre une place croissante. Serge Schoen, qui était PDG, a dû reculer d'un cran, pour devenir simple directeur général, et lui laisser la présidence. C'est néanmoins sur ce quadragénaire, parfaitement inconnu des cercles patronaux parisiens, que repose toute la gestion de l'activité au quotidien.

Serge Schoen est un mystère dans le monde des affaires. La littérature le concernant se limite en tout et pour tout à sa fiche dans l'épais annuaire rouge du *Who's Who*, et aux rares déclarations qu'il a faites sur le groupe depuis deux ans. Il a beau être un vétéran de Louis Dreyfus, où il travaille depuis quinze ans, et avoir été l'un des artisans de l'aventure des télécoms, il est toujours resté dans l'ombre de Jacques Veyrat. Tandis que celui-ci occupait le devant de la scène en négociant les acquisitions de Neuf, lui se chargeait de leur intégration et des restructurations en coulisses. Discret à l'excès, il semble s'être toujours parfaitement accommodé de ce mode de fonctionnement. Physique bonhomme, air juvénile et souriant, l'homme est d'un abord doux et simple. Avec son regard bleu derrière de petites lunettes rondes, ses cheveux châtains plaqués en arrière, et sa façon polie de dire « bonjour madame », il ressemble plutôt à un notable de province qu'à un trader de Wall Street. Serge Schoen dit lui-même fuir la lumière. Il laisse naturellement les autres passer au premier plan, pendant qu'il fait tourner la boutique. Une réserve perçue par certains comme un manque d'envergure. D'autres pointent au contraire l'apparence trompeuse du bon soldat. « C'est une brute épaisse », dit, sans nuance, un proche de Jacques Veyrat. Une chose est sûre : cet ingénieur formé au prestigieux cabinet de conseil Boston Consulting Group (BCG), est un bourreau de travail. Expatrié en Suisse, il passe l'essentiel de son temps dans l'avion, échangeant principalement par e-mail avec ses équipes.

Pendant les deux années qui ont suivi la disparition de Robert, Margarita et lui se sont peu vus. Habilement, Serge Schoen est parvenu à se tenir à l'écart du conflit qui a opposé la propriétaire à Jacques Veyrat. Pas tant par calcul que par nature. « Serge est loyal vis-à-vis du chef, quel qu'il soit », confirme un proche. Ce qui lui a permis de rester en bons termes avec tout le monde. C'est l'un des seuls dans ce cas.

De son côté, Margarita a vite compris le parti qu'elle pouvait tirer de sa présence : modeste, légitimiste et expérimenté, Serge Schoen était la parfaite alternative à Jacques Veyrat. C'est ainsi qu'il est devenu l'une des pièces maîtresses de la maison Louis Dreyfus. Comme la plupart des traders, il est actionnaire de LD Commodities, dont il possède environ 2 %, ce qui lui vaut de figurer dans le classement des 500 premières fortunes de France. La sienne est estimée à 100 millions d'euros par l'hebdomadaire *Challenges* en 2012.

Pour lui, la prise de pouvoir n'a pas changé grand-chose. Sa mission est la même qu'avant : poursuivre le travail de Robert et transformer la filiale de négoce afin qu'elle soit « public ready », comme le dit Margarita. C'est-à-dire prête à être cotée en Bourse. Organisée, gérée, contrôlée de façon aussi transparente que le serait une société cotée ayant des comptes à rendre à ses actionnaires. Pourquoi ? Pour pouvoir, le jour venu, valoir le plus cher possible et être en position de force. L'entreprise n'a pas renoncé à ses rêves de grandeur. Fusion, cotation, rapprochement... toutes les options restent sur la table. Les discussions avec des concurrents n'ont jamais été vraiment abandonnées, notamment avec Bunge, un partenaire de longue date. La petite taille de Louis Dreyfus reste une source de fragilité dans des marchés très volatils. Et Margarita n'est pas opposée à l'idée d'être actionnaire d'un ensemble plus vaste.

Encore et toujours, le groupe doit donc trouver de l'argent pour grossir, en investissant de plus en plus, car la demande explose. « Tous les ans, la population mondiale croît de 100 millions d'individus, et l'urbanisation génère l'équivalent de 100 millions d'habitants en plus », explique Serge Schoen. L'urbanisation modifie en effet les modes de consommation des hommes, en faveur des légumes et de la viande. Or l'élevage est très consommateur de céréales et de protéines végétales. Pour produire plus, le groupe a donc accéléré son rythme d'investissement, le portant à 7 milliards de dollars sur les cinq prochaines années, contre 5 milliards entre 2006 et 2011. En quête de nouvelles terres arables, il a mis depuis peu le cap sur l'Afrique. « Les endroits où on trouve de la terre, de l'eau et du soleil ne sont pas ceux où se trouvent les populations, poursuit-il. Peu de pays produisent ce qu'ils consomment. Le monde agricole n'a jamais été aussi dépendant d'une longue chaîne d'échange. » Et des négociants, qui sont le lien indispensable entre le fermier et le consommateur.

Pour tenir le rythme, le groupe explore de nouvelles voies. Louis Dreyfus Commodities a émis en septembre 2012 des obligations, pour la première fois depuis sa création. Une petite révolution pour la maison qui avait jusque-là réussi à se tenir à l'écart des marchés de capitaux, en se finançant uniquement auprès des banques. Afin de dégager des ressources supplémentaires, des activités ont aussi été cédées. En 2011, l'immobilier, et surtout l'énergie, fin 2012. Le groupe est désormais complètement recentré sur le négoce. Louis Dreyfus envisage d'introduire en Bourse sa filiale brésilienne, qui produit du sucre de canne. Les banques sont là, elles aussi, toutes prêtes à financer l'entreprise au-delà de ses besoins. Louis Dreyfus est un bon client. La maison travaille avec 170 banques et a près de 20 milliards de dollars de crédit en permanence. Mais tout cela ne suffit pas. Il faut grossir, encore.

Quant aux « puts », Margarita les aborde avec beaucoup plus de sérénité qu'en 2009, même si ses obligations n'ont pas changé. Les solutions de financement ne manquent pas. Mais elle se sentirait plus à l'aise sans sa belle-famille, qui dispose d'une minorité de blocage et est toujours là, dans le paysage. Son objectif affiché est de posséder 100 % de l'entreprise. C'est d'ailleurs l'esprit des accords de 2007. Au printemps 2012, elle a donc pris les devants, et offert aux membres de la famille de les racheter, à un prix que ces derniers ont jugé trop bas. Seul Philippe Louis-Dreyfus a cédé la quasi-intégralité de ses parts, soit 4 % du capital, pour un peu plus de 250 millions de dollars. Margarita et ses enfants détiennent ainsi aujourd'hui environ 65 % du capital. Et la veuve de Robert entend continuer.

Pas sûr toutefois que les minoritaires aient envie de vendre tout de suite. Ils ont désormais de confortables dividendes et n'ont pas besoin d'argent. « Ils ne sont pas à un million près, dit un proche de la famille. Ils ne sont pas dans une logique d'accumulation. On ne peut dormir que dans un lit à la fois ! Il y a d'autres considérations que l'argent. » Et puis, quitter le navire faciliterait sans doute un peu trop la tâche pour Margarita.

Leur fidélité à Jacques Veyrat, en revanche, n'a pas été entamée par le départ de ce dernier. En 2012, Monique n'a pas hésité à investir de l'argent dans son fonds Impala. Quant à Colette, elle a toujours un bureau et une secrétaire dans les locaux occupés par l'ancien dirigeant.

Pour sa défense, Margarita met en avant la santé financière de l'entreprise, qui montre que sa présence n'a pas été aussi nocive que certains pouvaient l'affirmer. En 2012, le groupe devrait atteindre un milliard de dollars de bénéfices, un record historique, qui ne tient toutefois pas compte des difficultés traversées dans la canne à sucre au Brésil. Aucun des principaux traders n'a quitté le navire, et aucun projet transformant ne l'a mis en danger. La famille s'est enrichie, le nom n'a pas été abîmé, quoi qu'en pensent les héritiers de sang qui vivent très mal la publicité autour du personnage de Margarita. « Le chemin parcouru est à mettre à son crédit, dit aujourd'hui David de Rothschild. Margarita a 65 % de l'entreprise, c'est un tel actif qu'elle y fera très attention. Elle ne s'en servira pas comme d'un hochet. Elle fait les choses sérieusement. Et puis c'était le sens de l'histoire. Les choses étaient construites de façon un peu bancales. »

Reste que pour la première fois depuis sa création, il y a plus de cent soixante ans, Louis Dreyfus est présidé par une femme. Pire, une épouse ! Quelle ironie cruelle pour les Louis-Dreyfus que de voir cette veuve flamboyante incarner le patronyme de leurs aïeux sur tous les continents ! Certains disent ouvertement regretter qu'elle porte leur nom. D'autant que Margarita ne fait pas les choses à moitié. Elle s'informe, voyage, parle aux banquiers du groupe, rencontre les principaux patrons de pays, les concurrents, les politiciens quand elle le doit... Elle connaît ses limites, et sait ce qu'elle doit dire, adaptant son discours à la circonstance. Avec les traders, elle dit qu'elle ne comprend rien, mais qu'elle a entière confiance en Serge Schoen. Avec les politiques, elle insiste sur le caractère familial de l'entreprise, et sa vision à long terme de l'activité. Elle est, de toute façon, persuadée que ne pas être une femme d'affaires est sa force. Le bon sens et la morale priment, à ses yeux, sur l'expertise.

En interne, tous ne partagent pas son avis. En privé, certains traders ne cachent pas leurs réserves. Ils ont d'ailleurs vendu, en 2012, plus d'actions qu'à l'accoutumée. La personnalité de Margarita laisse une partie d'entre eux dubitatifs, et son apparence ne les rassure guère. A leurs yeux, elle manque de culture « business ». Elle ne se focalise pas suffisamment sur les chiffres et les performances. Ils ne parlent pas le même langage. « Ce n'est pas une businesswoman, dit l'un d'eux. Or son pouvoir est quasiment illimité. Pour l'instant, elle se contente de rencontrer les dirigeants politiques. Mais qui sait si, un jour, elle ne va pas nous dire comment on doit trader ? » Certains plaident du coup pour un mouvement d'ampleur rapide, qui offrirait de la sécurité au groupe, comme une cotation.

Margarita, elle, se dit qu'elle a le temps. Elle veut examiner les options, nombreuses et intéressantes, qu'on lui propose maintenant qu'elle a le pouvoir.

Parfois aussi, son côté « première dame » prend le dessus. Elle projette ainsi de créer une fondation à Paris pour promouvoir l'éthique du groupe en matière alimentaire. « L'alimentation est un sujet stratégique politiquement, ce qui rend les choses plus complexes pour nous, dit-elle. Le groupe doit se développer de façon responsable. C'est la seule voie possible. » Margarita ignore encore en partie l'envers du décor de l'industrie dans laquelle son groupe évolue. Mais elle est sincère, et croit fermement à la responsabilité environnementale et sociétale de l'entreprise. Ce projet lui tient particulièrement à cœur. Elle voudrait que la presse en parle, plutôt que de ressasser en boucle les mêmes méchancetés sur son compte.

Difficile de dire, à ce stade, quelle peut être son influence sur les pratiques des 35 000 salariés du groupe. Celui-ci est soupçonné par ses concurrents d'abuser de sa position dominante, notamment dans le coton. Un ancien trader de Glencore a même porté plainte contre Louis Dreyfus à l'été 2012, l'accusant d'avoir manipulé les prix de ce marché, et de lui avoir fait perdre de l'argent. Louis Dreyfus, qui conteste vivement ces accusations, traite environ un quart des échanges internationaux de coton.

Margarita s'applique en tout cas à transmettre l'héritage Louis Dreyfus à ses enfants. En octobre 2010, elle a emmené ses jumeaux dans un long périple en Amérique latine, afin qu'ils visitent les principaux sites de production. Elle les veut adaptables et ouverts. Après la mort de Robert, elle les a envoyés en pension, dans le prestigieux internat du United World College (UWC) à Singapour, une école internationale. Pour sa part, son fils aîné a fait un stage chez Glencore, en Suisse, mais semble attiré par d'autres voies que celle de la maison familiale. Elle dit qu'ils seront libres de leur choix. Mais elle a fini par se prendre au jeu. Le rêve de Robert ne deviendrait-il pas pleinement réalité si l'un de ses enfants prenait la suite ?

Garder l'OM ?

Chez Louis Dreyfus, la situation est pacifiée. A Marseille, en revanche, les ennuis ne s'arrêtent jamais. Il y a toujours des bretelles à remonter, des conflits à gérer, de l'argent à dépenser. Le 23 mai 2012, à l'hôtel Bristol, l'entraîneur Didier Deschamps annonce à Vincent Labrune et Margarita Louis-Dreyfus qu'il veut quitter l'OM. Il y a plusieurs explications à son départ. Mais la politique de rigueur imposée par Margarita et relayée par Vincent Labrune a fini par peser sur les performances sportives du club, et a eu raison de celui que les Marseillais appellent « Dédé ».

Didier Deschamps quitte Marseille après une saison 2011-2012 décevante. Le club a terminé dixième du championnat, et n'a donc pas réussi à se qualifier pour la Ligue des champions. Malgré une troisième Coupe de la Ligue consécutive en avril 2012, les supporters sont excédés. « J'assume mes responsabilités quand ça va bien et quand ça va mal », explique, a posteriori, l'ancien capitaine de l'équipe de France dans un entretien à *L'Equipe*. Auréolé de six trophées pour l'OM, il vient alors d'accepter de rejoindre les Bleus comme sélectionneur. « Les conditions n'étaient pas réunies pour exercer mon métier sereinement », insiste-t-il. Traduction : il faudrait plus d'argent pour rester compétitif. Malgré le soutien sans faille de Margarita et du président, Didier Deschamps décide de mettre fin au contrat qui le liait à l'OM jusqu'en 2014, avant de rejoindre les Bleus comme sélectionneur. Il obtient 1,5 million d'euros de la part de l'actionnaire en guise d'indemnités, alors que c'est lui qui a décidé de partir.

Le départ de Deschamps illustre la bascule du pouvoir qui s'est opérée à Marseille un an plus tôt. Celui qui tient les cordons de la Bourse, désormais, c'est Vincent Labrune, le président, et pas « le sportif », comme on dit à Marseille. Chargé de gérer le déficit après deux années de largesses budgétaires, le nouveau président prend sa mission très au sérieux. Il est d'ailleurs convaincu d'être le seul en mesure de la mener à bien. Le seul à même de résister à la fascination qu'exerce l'OM sur ceux qui le dirigent, et de lui imposer la cure d'austérité dont il a besoin. Même s'il sait que c'est un cadeau empoisonné, l'OM, pour lui, c'est le rêve de toute une vie. Sans le dire, il veut aussi montrer que Robert Louis-Dreyfus avait raison : un club de football peut gagner des trophées sans perdre d'argent.

A Marseille, on comprend vite que Margarita Louis-Dreyfus et lui, c'est la même chose. Labrune ne dévie pas de sa trajectoire financière. Dès l'été 2011, il divise par quatre les investissements, et contient les dépenses du mercato à seulement 11 millions d'euros quand le PSG signe des chèques en blanc. Il accepte même de laisser partir Lucho Gonzalez, l'un des plus gros salaires du club, pour 2 millions d'euros en janvier 2012, afin de réduire la masse salariale. Une rigueur d'autant plus difficile à faire passer que les résultats sportifs du club sont mauvais.

Insulté sur les forums où on le tient pour responsable des performances décevantes du club, vilipendé par les supporters et critiqué par quelques Marseillais qui font circuler des pétitions pour obtenir son départ, il tient bon. Mais il achève sa première saison essoré. Fumant deux fois plus qu'avant sa prise de fonction et dormant deux fois moins. A cheval entre Paris et Marseille, il dit avoir passé cent dix nuits au Sofitel du Vieux-Port en 2011, et fait cent allers-retours en avion dans l'année, se défendant d'être un « Parisien ».

Margarita sait que la tâche n'est pas simple. Pour maintenir la pression sur les joueurs alors que les moyens sont réduits, elle distille quelques avertissements. « Je suis libre de vendre demain », lâche-t-elle dans une interview au *Monde*, après un début de saison raté en octobre, juste avant d'aller sermonner l'équipe lors d'un déjeuner à la Commanderie. Le symbole est fort, la propriétaire s'adresse très rarement à l'équipe en direct. « Sa parole est assez rare, donc elle est respectée », dit un de ses proches. Vincent Labrune, en bon communiquant, sait parfaitement l'utiliser. Quelques mois plus tard, elle fait une piqûre de rappel. « Je veux rester actionnaire de ce club, mais je veux garder mes options ouvertes », affirme-t-elle aux *Echos*.

Fin juin 2012, à la clôture des comptes, le pire a été évité. Alors que les premières estimations donnaient un déficit de 20 millions, les pertes sont finalement ramenées à 9 millions d'euros. Les économies réalisées, et les recettes de la Ligue des champions de l'année précédente ont permis de sauver la face. Mais il manque encore près de 40 millions d'euros pour boucler le budget de l'exercice à venir. Les transferts des étés 2009 et 2010 vont encore coûter 20 millions d'euros au club, les droits de retransmission vont diminuer, et les travaux du stade entraînent un manque à gagner de 10 millions d'euros.

Pendant tout le printemps, Vincent Labrune a cherché des solutions de financement de court terme permettant d'éviter une nouvelle injection de cash par l'actionnaire. Il négocie notamment avec Sportfive, l'agence de marketing sportif, en vue d'externaliser la régie marketing de l'OM. La société du groupe Lagardère s'occupe déjà d'une trentaine de clubs en Europe. Et l'opération permettrait de faire rentrer immédiatement 37 millions dans les comptes de l'OM. Une aubaine !

Il est presque soulagé d'avoir trouvé ce subterfuge lorsqu'en mai, coup de théâtre. Margarita refuse ! Se priver des recettes du marketing du club, c'est se couper un bras et cela abîme la valeur de son actif. Un raisonnement pertinent, mais un peu inattendu compte tenu de l'urgence de la situation. Quelques semaines plus tôt, elle a demandé à Mehdi El Glaoui et à son avocat Igor Levin de regarder les comptes. Ils l'ont poussée à durcir le ton. « Je ne prends pas cet argent », dit-elle à Vincent Labrune. Affolé, celui-ci tente de lui expliquer la dimension sociale de son investissement : on ne peut pas faire la une de *Challenges*, figurer parmi les dix plus grosses fortunes de France, et risquer de laisser le club faire faillite !!

Margarita ne veut rien savoir. Il va falloir se débrouiller autrement. Elle accroît la pression, et lui fixe des objectifs financiers très ambitieux pour le mercato qui va démarrer. Non seulement il n'est plus question de dépenser de façon irrationnelle pour acheter des joueurs, mais il faut en vendre. Beaucoup. Pour adoucir le remède, elle accepte tout de même d'octroyer une nouvelle rallonge de 15 millions de cash.

Le 6 juin, devant la Direction nationale du contrôle de gestion (DNCG), chargée d'examiner le budget du club, elle fait le déplacement pour soutenir Vincent Labrune, qui présente ses prévisions. C'est la première fois qu'elle assiste à une réunion de ce type depuis le décès de son mari. Mais l'enjeu est de taille. Les finances du club sont tendues. Les recettes attendues, évaluées à 100 millions d'euros, sont jugées élevées par la DNCG. Les objectifs de vente de joueurs sont drastiques, presque irréalistes compte tenu du contexte. Financièrement, la période des transferts s'annonce beaucoup moins spectaculaire que par le passé. Tous les clubs en Europe revoient leur train de vie à la baisse, dans la perspective de l'entrée en vigueur du « fair-play financier » promu par l'UEFA, qui impose aux clubs de ne pas dépenser plus qu'ils ne gagnent. Or, presque tous vivent au-dessus de leurs moyens. Certains clubs ont donc tout bonnement arrêté de recruter. Et non des moindres. Seuls les clubs des pays émergents continuent d'investir des sommes faramineuses dans les transferts. Il n'est donc pas du tout évident que l'OM parvienne à vendre autant de joueurs qu'il l'espère.

Pourtant, les dirigeants n'ont pas le choix. L'actionnaire les a mis dans un corner. Ils prennent donc leur bâton de pèlerin et, pendant soixante jours, font du porte-à-porte pour placer leurs joueurs. Une vingtaine d'agents sont mandatés, un peu partout en Europe, pour démarcher les clubs potentiellement acheteurs. Début septembre, les comptes sont bons. Marseille achève son mercato sur un excédent inespéré de 26 millions d'euros. Huit joueurs ont été cédés, dont trois qui ont permis de récolter à eux seuls 16,5 millions d'euros, et d'alléger la masse salariale. En parallèle, les recrutements ont été faits avec parcimonie. Selon les projections de la direction, les comptes seront presque à l'équilibre en juin 2013.

A Marseille, Margarita est peut-être aussi sur le point de gagner son pari. Les finances du club sont en voie d'être apurées. La doctrine de rigueur commence enfin à imprégner la culture de l'OM. A l'été 2012, elle a toutefois pris ses précautions, et discrètement sorti l'OM de l'héritage de ses enfants. Le club a coûté 220 millions à son mari, et elle-même a dépensé 35 millions d'euros depuis 2009. A chaque fois qu'elle veut y remettre de l'argent, elle doit obtenir l'autorisation du triple cercle de protecteurs qui défendent les biens de ses enfants. Mais surtout, elle ne veut plus faire planer ce risque sur la tête de ses fils. Même si Kyril, l'un des jumeaux, se verrait bien racheter le club avec son héritage. Un jour, alors qu'elle émettait devant lui l'hypothèse de vendre l'OM, il l'a coupée, et l'a prévenue. « Maman, si tu vends l'OM, j'achète ! »

La blonde dans son nouveau rôle

On se croirait à l'Opéra. En ce mois de décembre pluvieux, un parterre de personnalités de France et d'ailleurs, se pressent dans le somptueux hémicycle du palais d'Iéna, où siège habituellement le Conseil économique et social. L'ancien secrétaire d'Etat Anne-Marie Idrac, le patron d'Essilor Xavier Fontanet, Josef Ackermann, le président de la Deutsche Bank, des régulateurs, des financiers, des journalistes, tous sont venus pour la soirée de remise des prix du *Nouvel Economiste*, qui distingue chaque année quelques individus. Seul Bernard-Henri Lévy, nommé « régulateur de l'année » pour son rôle dans la guerre civile en Libye, fera son entrée avec vingt minutes de retard.

Margarita, elle, est arrivée à l'heure. Elle est là, au premier rang, en robe grise moulante, les cheveux dénoués. Ses conseillers se pressent autour d'elle comme des abeilles autour de la reine. Les invités attendent leur tour pour pouvoir la saluer. Un peu plus tôt, le président du conseil économique et social Jean-Paul Delevoye l'a accueillie d'un baise-main. Elle est radieuse, sourit continûment. Prend volontiers la pose pour les photos de groupe. Ses enfants, ses proches sont là. Aucun membre de la famille Louis-Dreyfus en revanche.

Pour elle, c'est la consécration. Coiffant au poteau l'entrepreneur Xavier Niel et l'économiste Muhammad Yunus, les deux autres nommés dans sa catégorie, elle a été choisie pour recevoir le prix du « capitaliste de l'année ». Henri Nijdam, le directeur de la rédaction de l'hebdomadaire, salue publiquement sa « vista » et son « courage », pour avoir « su résister à la tentation de la Bourse », et « découragé les prises de contrôle intempestives ». Dans les colonnes de l'hebdomadaire, la journaliste Michèle Cotta dresse d'elle un portrait lyrique, titré « l'apparence trompeuse ». Margarita est si reconnaissante que cela illumine son visage. Enfin, elle est décrite comme elle se voit : une mère de famille protectrice, fidèle à son mari et veillant sur l'avenir de l'entreprise. Peut-être que l'establishment français, qui lui a mis tant de bâtons dans les roues, s'est enfin décidé à lui accorder un peu de crédit, à elle, la « Russe », trop souvent dépeinte comme une tueuse avide de pouvoir.

« Merci d'avoir évité les clichés », répond-elle dans un long discours en français, tandis qu'au premier rang, ses trois enfants, venus l'écouter, s'impatientent. L'OM doit jouer ce soir-là contre Dortmund, un match décisif pour sa qualification en huitièmes de finale de la Ligue des champions. Le match est à 20 h 30 et la cérémonie a commencé en retard. Margarita a réservé une salle dans un restaurant disposant d'un écran géant pour que ses jumeaux puissent assister au match en direct, mais elle s'attarde. Serre des mains, répond aux questions, accepte de faire la visite expresse sur les toits du bâtiment, depuis lesquels, paraît-il, la vue sur la tour Eiffel est magnifique. Elle se dépêche pour ne pas faire attendre ses enfants, qui ont mis leurs parkas et n'hésitent pas à la rappeler à l'ordre en russe. Mais on ne serait pas surpris de la voir s'arrêter pour signer un autographe.

Le pouvoir de Margarita Louis-Dreyfus est désormais incontesté. Deuxième femme la plus riche de France, derrière Liliane Bettencourt, avec une fortune qui, cumulée à celle de ses enfants, est estimée à 4,5 milliards d'euros par le magazine *Challenges*, elle est courtisée par tous : politiques, banquiers, chefs d'entreprise, avocats... « Elle s'institutionnalise et se comporte d'une façon plus conforme au monde des affaires », dit un grand patron. Elle consacre toute son énergie à montrer qu'elle est à la hauteur de son nouveau rôle. Comme tout dirigeant qui se respecte, elle passe le plus clair de son temps dans son avion. « Elle travaille tout le temps, dit sa secrétaire, qu'elle a embauchée début 2012 pour gérer son agenda. Elle a parfois deux réunions sur deux continents différents la même journée. » Son seul luxe : une halte à Singapour tous les quinze jours pour aller voir ses jumeaux de 14 ans, en pension.

Margarita se montre là où il faut être. L'automne qui a suivi le départ de Jacques Veyrat, elle a entrepris un long périple dans les principaux pays du groupe, en Chine et au Brésil, où elle a rencontré la présidente Dilma Rousseff. Elle s'est ensuite affichée au forum de Davos, où se croisent les grands décideurs de ce monde. Puis en Russie, au forum économique de Saint-Pétersbourg, où elle était invitée. Le printemps suivant, on la croisait à Roland-Garros, dans la loge BNP Paribas, assise à droite du nouveau directeur général de la banque, Jean-Laurent Bonnafé. Quoi qu'elle en dise, elle aime naviguer dans le monde des puissants. « Elle est humaine ! » dit un de ses proches. Elle, au contraire, assure que tout cela ne l'impressionne pas. Les hommes politiques lui donnent parfois le sentiment de naviguer à vue.

Même à Paris, terre longtemps hostile, elle fait désormais l'unanimité. Son exotisme serait presque devenu un atout. « Au départ, elle avait l'image d'une sorte d'escort, mais plus du tout aujourd'hui, dit un grand banquier parisien. Tout ce qu'on disait d'elle était faux. En réalité, elle est très intelligente. Et puis elle est atypique, ça change des patrons franchouillards ! » Margarita n'est pas dupe et sait lire derrière les masques. Mais elle s'en fiche. Elle fait d'ailleurs la même chose. En fin d'année, elle envoie ses vœux à tout son carnet d'adresses, y compris à ceux qu'elle a accusés des pires vilenies, et qui sont les premiers surpris. Calcul ou erreur de jugement ? Un peu des deux sans doute. Margarita aime bien mettre les pieds dans le plat en ayant l'air de ne pas le faire exprès.

Si elle arrondit un peu plus les angles que par le passé, elle ne cherche pas à devenir ce qu'elle n'est pas. Elle a gardé ses habitudes, les amis russes de son enfance, et cette faculté à traiter tout le monde de la même façon. Les puissants comme les faibles. Elle aurait même tendance à être plus sévère avec les premiers, par principe. En retour, elle ne supporte pas qu'on la traite comme une privilégiée. Qu'on lui trouve miraculeusement une chambre dans un grand hôtel complet, après avoir réalisé qui elle était. Ce qui lui arrive parfois quand elle vient à Paris. Du coup, elle change d'hôtel à chacun de ses voyages.

La notoriété n'a pas non plus altéré son austère discipline quotidienne : un peu de sport, de la nage dans le lac de Zurich quand elle est chez elle, une nourriture saine, pas d'alcool, beaucoup de verveine, et du pain noir exclusivement. Certains assurent néanmoins l'avoir vue manger des saucisses allemandes achetées chez un vendeur de rue à Zurich... Elle s'astreint aussi à lire des livres, successivement dans chacune des cinq langues qu'elle parle : russe, allemand, anglais, français, italien. A l'exception de son assistante, elle n'a presque pas de personnel dans sa maison et vit plutôt sobrement. Elle roule en Smart, continue à se déplacer partout avec son petit chien, et à porter ses vestes en fourrure et sequins. Fait peu de shopping et s'achète une robe une à deux fois par an. Souvent, elle est prise en photo avec les mêmes vêtements. « Tu devrais faire un effort et t'habiller un peu mieux », lui dit parfois un de ses conseillers. Margarita ne change rien. Il n'y a guère qu'à Paris que ce sujet intéresse. Et d'ailleurs, les belles robes, cela ne l'a jamais fait rêver. « C'est pas mon truc », confie-t-elle de retour du festival de Cannes. Céder là-dessus reviendrait à se soumettre à des codes qui ne sont pas les siens. « Les gens doivent voir au-delà, sinon, tant pis pour eux », dit-elle, citant volontiers son mari, un modèle du genre.

Pourtant, cette nouvelle femme de pouvoir n'est pas insensible à son image, même dans son pays d'origine. Elle s'est récemment prêtée à un grand reportage sur sa vie pour la télévision russe, dans une émission très grand public, nommée « Première Classe », centrée sur la vie des riches et des puissants. Ses différentes maisons suisses ont été filmées, le quartier de son enfance à Saint-Pétersbourg... On la voit installée dans son avion privé, avec son petit chien sur les genoux, assis sur un coussin vert foncé aux lettres dorées et brodées « LD ». Puis dans les bureaux de Louis Dreyfus, signant des documents présentés par son assistante, avec une carte du monde en arrière-plan, et un portrait de Robert sur le côté. Les commentateurs ont un peu enjolivé la vérité. Cela ne la gêne pas outre mesure.

Dans la presse, en revanche, elle est furieuse lorsqu'un article la contrarie. Elle n'hésite pas alors à prendre sa plume pour écrire un courrier de plusieurs pages au journaliste indocile, non sans avoir préalablement tancé Vincent Labrune, toujours responsable de sa communication. Elle conserve un profond ressentiment contre la presse française, qu'elle juge inféodée aux pouvoirs des grands groupes et des patrons. Elle ne manque jamais d'égratigner l'Hexagone et ses prétendues valeurs d'égalité quand elle en a l'occasion.

La perspective de la parution d'un livre sur sa vie l'a un peu inquiétée. Au début, elle n'a pas répondu. Elle a voulu savoir si le livre pouvait être écrit en anglais, afin de pouvoir toucher aussi un public d'investisseurs financiers. Mais il y avait un malentendu... Certains conseillers ont demandé des garanties. « Alors, vous avez décidé d'être gentille avec Margarita ? » a tenté l'un d'eux, désarmant de franchise. Margarita, moins caricaturale, était hésitante. Puis, il y a eu ce long portait dans *Le Monde*, qui lui a profondément déplu. « Je ne peux pas faire confiance aux journalistes, aux journalistes français en particulier », a-t-elle expliqué en se rétractant.

A force d'insistance, elle a fini par évoquer sa vie. Un peu. « Je ne veux rien dire sur les émotions. Only facts. » La raison ? Toujours la même : l'establishment. Français, cela va sans dire. Ses propos vont être utilisés contre elle. Longuement, elle a expliqué pourquoi il ne fallait pas prendre en compte les témoignages de ses ennemis, tous membres de l'élite des affaires françaises. Il fallait faire le tri entre les « vrais » amis de Robert, et les autres. Finalement, elle a tout de même accepté que ses proches parlent d'elle. Mais elle a préféré laisser un dictaphone sur la table avant de quitter la pièce, quand elle le pouvait. Sa méfiance, même très courtoise, n'est pas feinte.

Certains de ses ennemis se sont interrogés eux aussi, trouvant étrange de consacrer une enquête à cette femme. « C'est une commande, ce livre ? » a demandé l'un d'eux, en haussant les sourcils. D'autres, nombreux, ont accepté de parler sous couvert d'anonymat. « Faites attention, c'est une grande malade », a-t-on prévenu. « Si vous n'allez pas en

Russie, vous ne comprendrez rien », a conseillé un autre. Qu'y avait-il donc à trouver en Russie ? Personne ne le savait, personne n'avait cherché. Mais ce devait être sulfureux. Il fallait enquêter, aller voir de plus près. Pour découvrir quoi ? Une enfance, quelques souvenirs, des témoins, une ville pleine d'histoires et de trajectoires comme la sienne, pas toujours rectilignes, mais conduites par un désir de liberté inébranlable. Difficile à comprendre depuis l'intérieur du périphérique parisien. Bien sûr, il y avait aussi quelques secrets. Comme dans toutes les familles en somme.

Jacques Veyrat, de son côté, a eu connaissance du projet très tôt, grâce à son réseau de relations, notamment dans une grande maison d'édition. Le récit de ses dernières années chez Louis Dreyfus ne lui inspirant rien de bon, il a tenté de dissuader, a menacé, intimidé.

Pendant l'enquête, le duel sans merci entre ces deux monstres, a parfois semblé se poursuivre en direct. Ce qui fut une chance pour en raconter l'histoire.

Conclusion

Ai-je vraiment rencontré Margarita Louis-Dreyfus ?

J'ai vu la veuve éplorée, assise chez elle, dans la salle à manger. Racontant l'héritage menacé, la solitude face aux promesses de son mari, le mépris de l'establishment, les reproches de la famille, les trahisons des amis. J'ai vu la dirigeante en représentation, assise dans le salon de thé de l'hôtel Bristol, au restaurant du Fouquet's, au George V, saluée par de prestigieux visiteurs, s'adressant à elle dans plusieurs langues. La femme de pouvoir respectée, entre deux avions, toujours entourée de ses conseillers. Celle que les passants arrêtent pour la féliciter des victoires de l'OM.

Ses proches m'ont abondamment raconté l'amie fidèle et généreuse, la compagne prévenante, n'hésitant pas à prendre en charge les besoins et les problèmes des autres. « Elle regarde aussi les petites choses derrière les grandes », m'a dit un des amis de Robert. La mère et l'épouse modèle aussi, un personnage qui fait l'unanimité. Son absolu dévouement envers son mari malade. Les multiples sacrifices consentis, dans l'intérêt de ses enfants. Certains, moins nombreux, ont évoqué la jeune fille sans racines, en quête d'aventures et de liberté, se cherchant un destin, par-delà les frontières.

Ses ennemis m'ont parlé de la souveraine, prête à tout pour régner. De la violence des combats engagés tête baissée, malgré les risques et l'incertitude. Des menaces, des intimidations, de l'énergie déployée pour venir à bout de ses opposants. De son obsession sans limite. De cette rage de vaincre et d'arriver, envers et contre tout.

D'autres m'ont mise en garde contre l'actrice redoutable, qui sommeille, puis d'un coup, se révèle lorsqu'il faut convaincre. Capable d'incarner à merveille la figure de la femme accablée, la *mater dolorosa*, l'œil humide. Ou l'héritière désemparée, cherchant de l'aide auprès des puissants. Pour devenir, soudain, la reine cynique, riant franchement à l'évocation des mauvais coups joués à ceux qui contrariaient ses projets.

Cette étonnante facilité à passer du premier au second degré est sans doute ce qui la définit le mieux. Et son arme la plus efficace. Une façon de se dissimuler, elle qui aime si peu montrer ses émotions. Certains de ses conseillers disent ne pas savoir eux-mêmes s'ils ont jamais été manipulés. Margarita Louis-Dreyfus est ainsi. Elle joue. On la croit faible femme, on trouve un dragon. On cherche le tyran, la voilà émouvante, et sans défense.

J'ai vu aussi le mépris infini pour la femme, la blonde, « la Russe », et sa bande de « bras cassés ». L'arrogance de ceux qui, habitués à se battre dans un autre théâtre, n'ont pas supporté de perdre contre un adversaire aussi ordinaire.

Margarita Bogdanova est la femme désarmée, qui réapparaît quand on s'y attend le moins, pour assener le coup fatal. Celle qui nargue le joueur, en clignant de l'œil, le sourire aux lèvres, dans la fameuse nouvelle de Pouchkine. On croit avoir vu l'as. Elle est la Dame de pique.

Organigramme du groupe Louis Dreyfus en septembre 2009

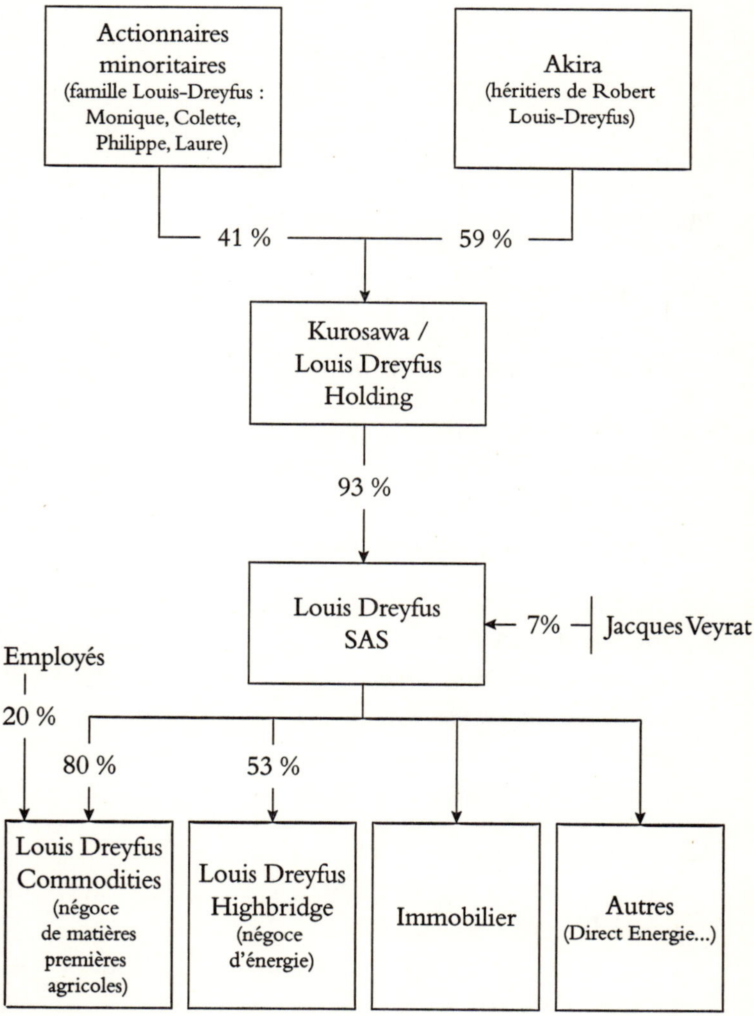

TABLE

Cet ouvrage a été imprimé
par CPI BRODARD ET TAUPIN
pour le compte des Éditions Grasset
en mars 2013

Mise en pages PCA
44400 Rezé

PAPIER À BASE DE FIBRES CERTIFIÉES

Grasset s'engage pour l'environnement en réduisant l'empreinte carbone de ses livres. Celle de cet exemplaire est de :
500 g Éq. CO_2
Rendez-vous sur www.grasset-durable.fr

Dépôt légal : avril 2013
N° d'édition : 17628 – N° d'impression : 72426
Imprimé en France